Bohner
Ott
Rosner
Deusch

Arbeitsheft

Mathematik im Berufskolleg II

Baden-Württemberg

Merkur
Verlag Rinteln

Wirtschaftswissenschaftliche Bücherei für Schule und Praxis
Begründet von Handelsschul-Direktor Dipl.-Hdl. Friedrich Hutkap †

Verfasser:

Roland Ott
Studium der Mathematik an der Universität Tübingen

Kurt Bohner
Lehrauftrag Mathematik am BSW Wangen
Studium der Mathematik und Physik an der Universität Konstanz

Ronald Deusch
Lehrauftrag Mathematik am BSZ Bietigheim-Bissingen
Studium der Mathematik an der Universität Tübingen

Stefan Rosner
Lehrauftrag Mathematik an der Kaufmännischen Schule in Schwäbisch Hall
Studium der Mathematik an der Universität Mannheim

Umschlag: © Adrian Schulz Foto: Mall of Berlin
Bild Kreis links: © Christian Schwier – fotolia.com
Bild Kreis rechts: © Kirill Kedrinski – fotolia.com

* * * * * * * *

1. Auflage 2016

Gesamtherstellung:
Merkur Verlag Rinteln Hutkap GmbH & Co. KG, 31735 Rinteln
E-Mail: info@merkur-verlag.de
lehrer-service@merkur-verlag.de
Internet: www.merkur-verlag.de
ISBN 978-3-8120-2303-0

Inhaltsverzeichnis

Einleitung

Das Arbeitsheft dient zur Aufbereitung, Wiederholung und Festigung des im Schülerbuch Mathematik im BK II. Es soll parallel zum Schülerbuch verwendet werden.
Die begleitende Unterstützung durch die Lehrkraft ist gewünscht und sehr sinnvoll.
Das Arbeitsheft enthält ergänzende Aufgaben zur Wiederholung und ermöglicht eine Lernkontrolle in Eigenverantwortung. Das im Vergleich zum Schülerbuch veränderte Format und die Form der Darstellung wirken motivierend auf Schüler/innen.
Einige Aufgaben beinhalten fächerübergreifende Aspekte in Handlungssituationen.
Das Arbeitsheft hilft, das Erlernte zu festigen und damit eine gute Grundlage für die Mathematik im BK und die Prüfung zur Fachhochschulreife zu schaffen.

I Funktionen

4 Trigonometrische Funktionen

1. Vervollständigen Sie die Tabelle mithilfe des WTR.

x (im Bogenmaß)	sin(x)	cos(x)
1	0,84	0,54
$\frac{1}{6}\pi$		
	− 0,5	
	0	

x	sin(x)	cos(x)
		0,88
		0
	0,7	
		− 0,97

2. Vervollständigen Sie die Tabelle mithilfe des WTR. Skalieren Sie die x-Achse.

x	sin(x)	cos(x)
0	0	1
2π		
π		
$\frac{1}{2}\pi$		
$-\frac{1}{2}\pi$		
$-\frac{3}{2}\pi$		
$\frac{5}{2}\pi$		
7π		
12π		

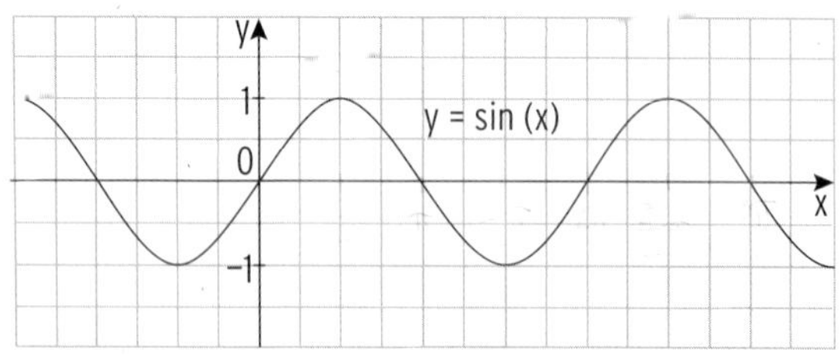

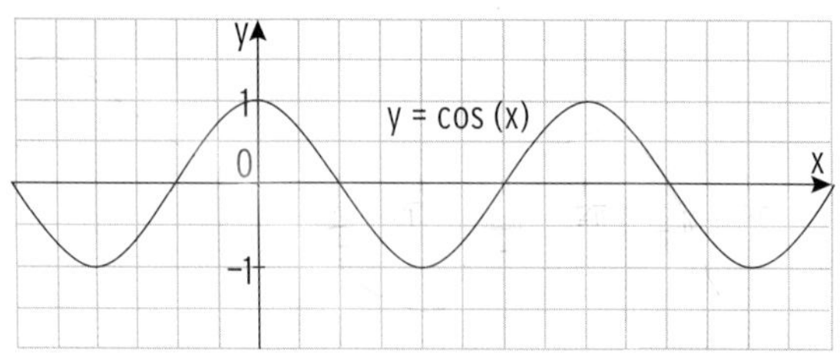

3. Zeichnen Sie das zugehörige Schaubild ein.

a) $f(x) = 2\sin(x) + 1$

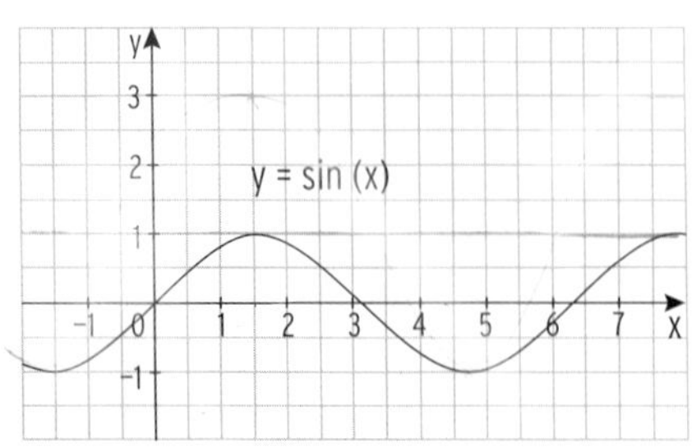

b) $f(x) = -1{,}5\sin(x)$

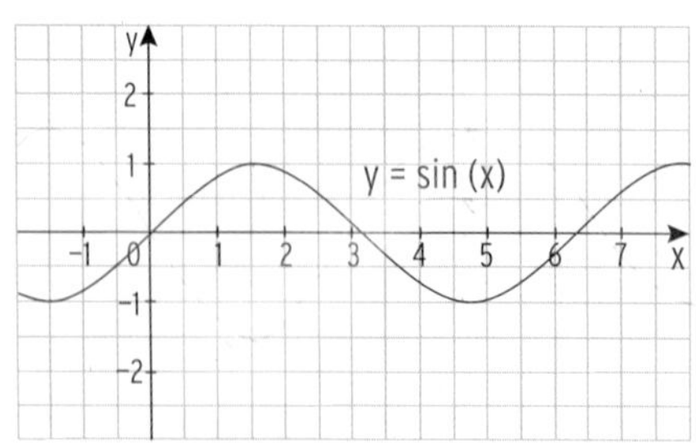

c) $f(x) = 0{,}5\cos(x)$

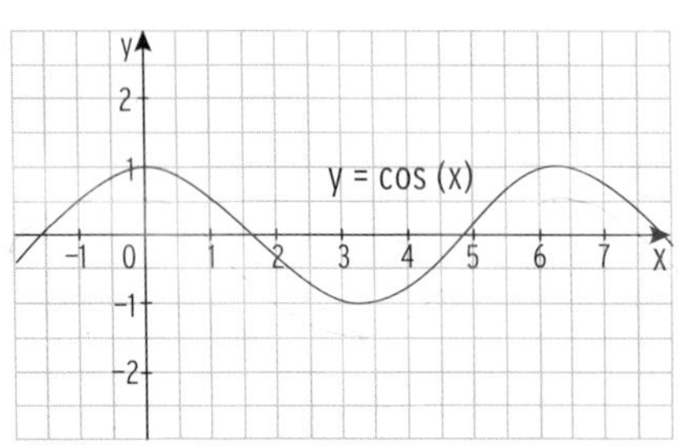

d) $f(x) = -\cos(x) - 1$

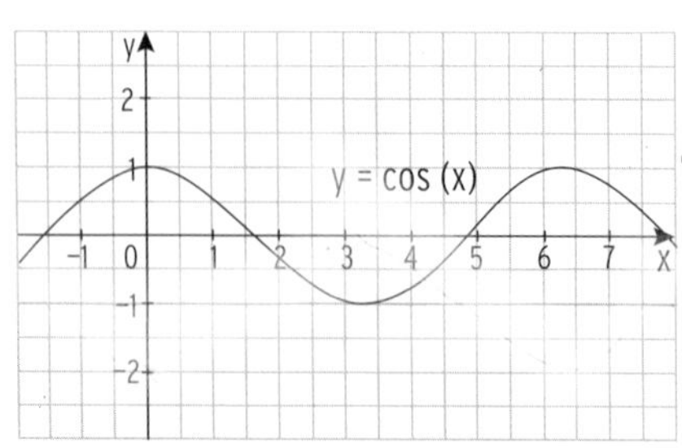

4. Bestimmen Sie einen möglichen Funktionsterm der Form f(x) = asin(x) + b bzw. f(x) = acos(x) + b.

a) f(x) = ______________________

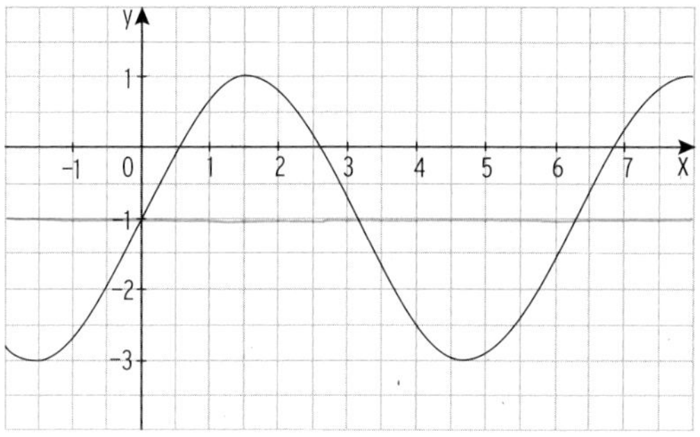

b) f(x) = ______________________

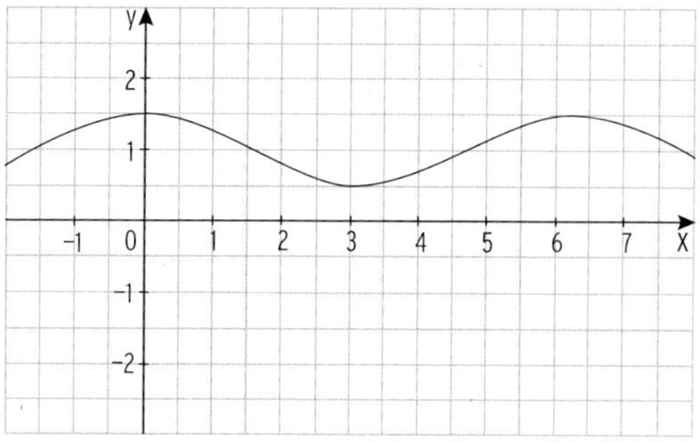

c) f(x) = ______________________

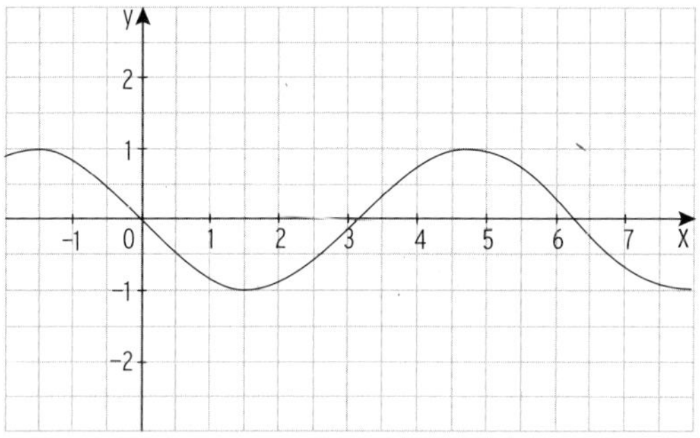

d) f(x) = ______________________

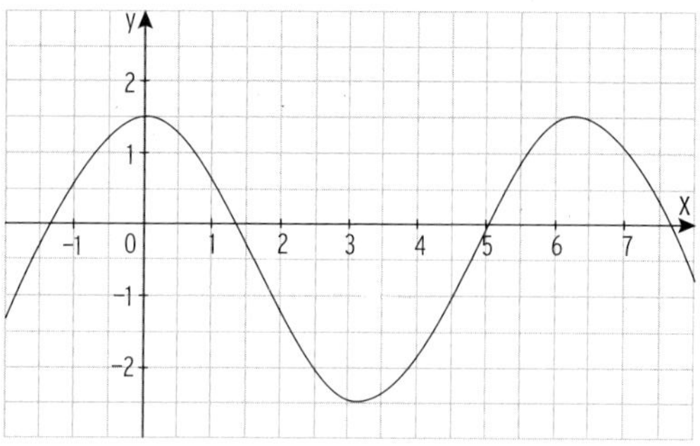

e) f(x) = ______________________

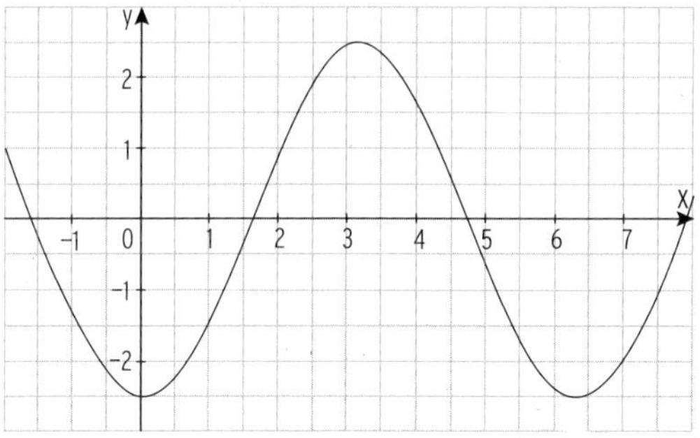

f) f(x) = ______________________

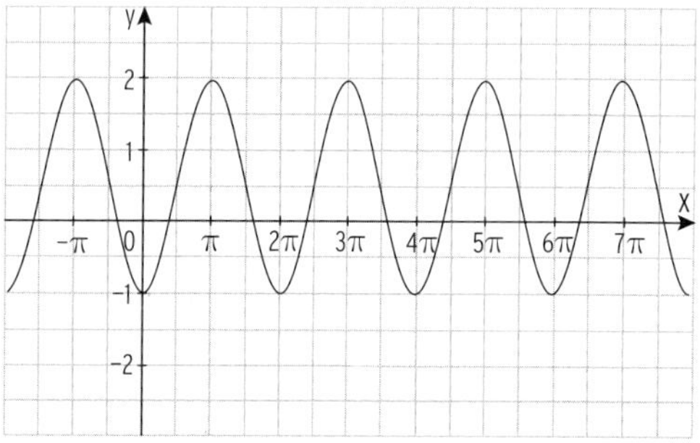

g) f(x) = ______________________

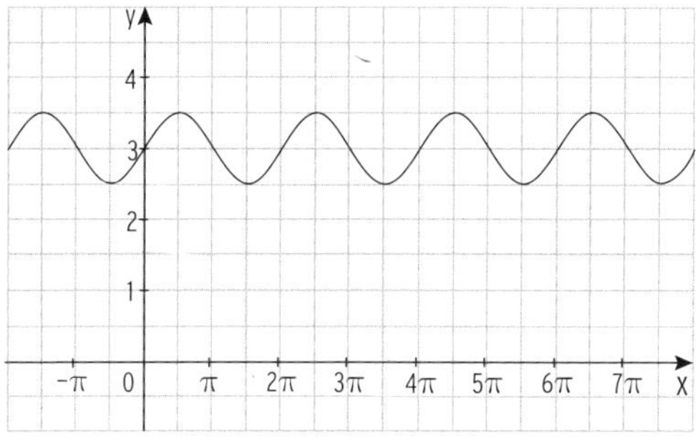

h) f(x) = ______________________

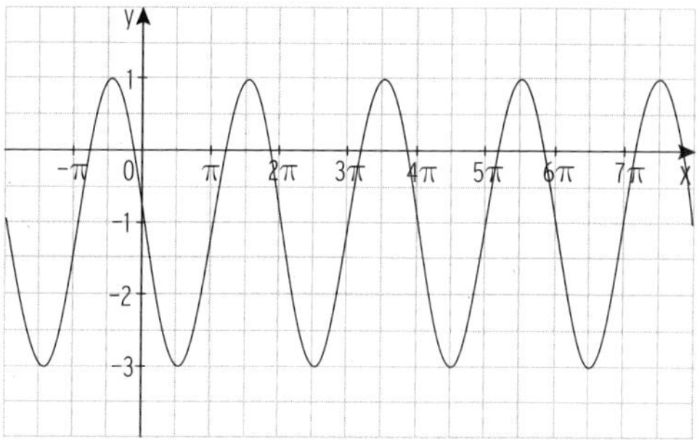

5. Ergänzen Sie die folgenden Sätze.

a) Das Schaubild der Funktion g mit $g(x) = 0{,}5\sin(x) - 1$ entsteht aus der Sinuskurve ($y = \sin(x)$) durch Streckung mit dem Faktor____ in ____-Richtung und durch Verschiebung um ____ nach __________.

b) Das Schaubild der Funktion g mit $g(x) = -\cos(x) + 2$ entsteht aus der Kosinuskurve ($y = \cos(x)$) durch Spiegelung an der ____-Achse und durch Verschiebung um __ nach _____.

c) Das Schaubild der Funktion g mit $g(x) = 2\cos(x) - 3$ entsteht aus der Kurve mit $y = \cos(x)$ durch Streckung mit dem Faktor____ in ____-Richtung und durch Verschiebung um ___ nach _________.

d) Das Schaubild der Funktion g mit $g(x) = -\pi\sin(x)$ entsteht aus der Kurve mit $y = \sin(x)$ durch ____

____.

6. Geben Sie die Amplitude a und die Periode p der Funktion f an.

Funktionsterm	a	p	Funktionsterm	a	p
$f(x) = 0{,}25\sin(\pi x)$	$a = 0{,}25$	$p = \frac{2\pi}{\pi} = 2$	$f(x) = -5\cos(\frac{\pi}{2}x)$		
$f(x) = 6\cos(5x)$			$f(x) = 1{,}6\sin(3x)$		
$f(x) = -4\sin(\frac{x}{3})$			$f(x) = -\frac{4}{3}\sin(\frac{x}{2})$		
$f(x) = 3\cos(2x)$			$f(x) = \cos(x) + 1$		

7. Geben Sie den Funktionsterm einer trigonometrischen Funktion mit der Periode p und der Amplitude a an.

a	p	$f(x) = a \cdot \sin(kx)$	a	p	$f(x) = a \cdot \cos(kx)$
$a = 2$	$p = 2$	$f(x) = 2\sin(\pi x)$	$a = 6$	$p = 4\pi$	$f(x) = 6\cos(\frac{x}{2})$
$a = \pi$	$p = 1$		$a = 4$	$p = 4$	
$a = 0{,}5$	$p = \frac{2}{3}\pi$		$a = \frac{5}{2}$	$p = \frac{3}{4}$	

8. Bestimmen Sie einen möglichen Funktionsterm.

$g(x) = -2\sin(x) - 0{,}5$

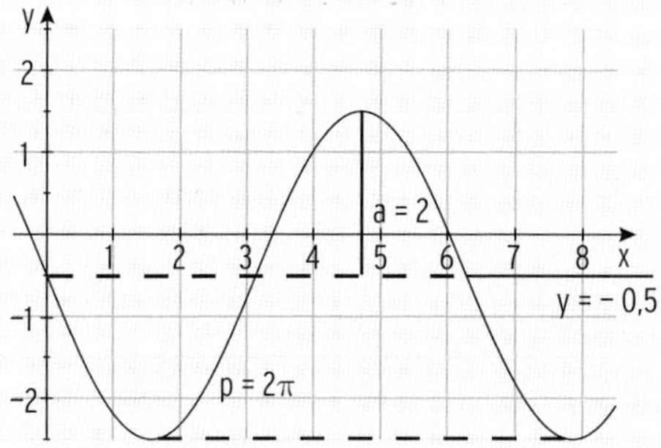

Lösungshinweise:
keine Verschiebung in x-Richtung

Mittellinie: $d = \frac{y_{max} + y_{min}}{2} = \frac{1{,}5 + (-2{,}5)}{2} = -0{,}5$

Amplitude: $\frac{y_{max} - y_{min}}{2} = \frac{1{,}5 - (-2{,}5)}{2} = 2$

Wegen Spiegelung an der x-Achse: $a = -2$

Periode: Differenz benachbarter Minimalstellen
Aus $p = \frac{2\pi}{b}$ folgt $b = \frac{2\pi}{p} = 1$

Einsetzen in $g(x) = a\sin(bx) + d$

g(x) = ________________

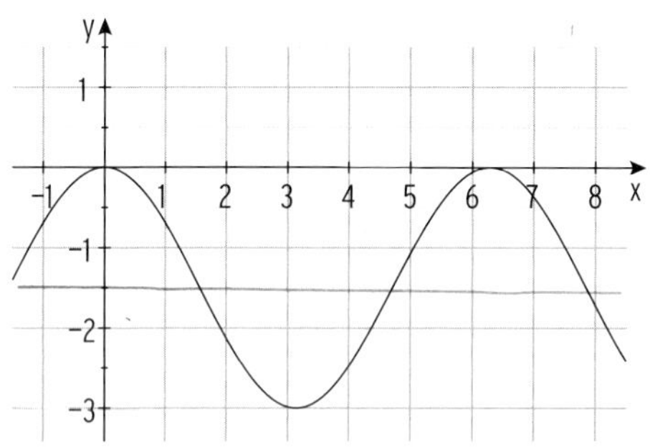

g(x) = ________________

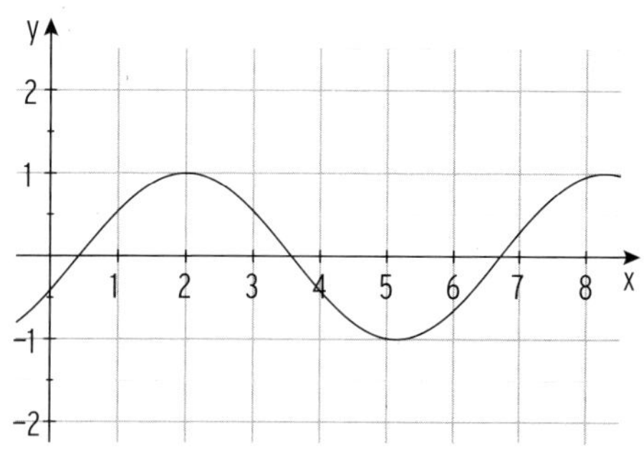

g(x) = ________________

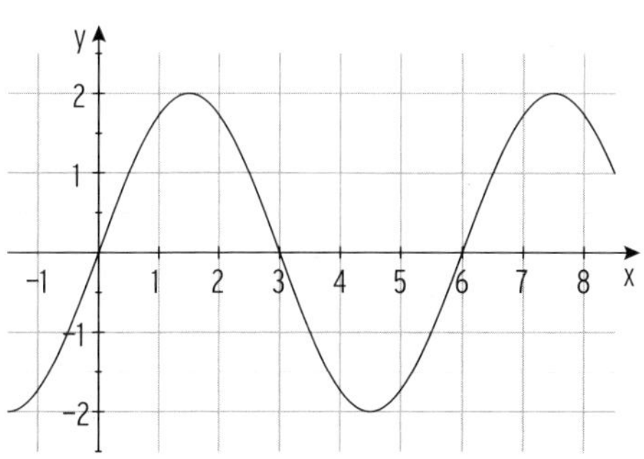

g(x) = ________________

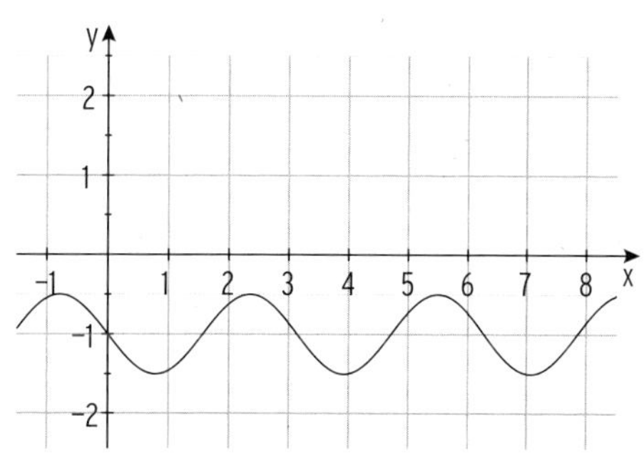

g(x) = ________________

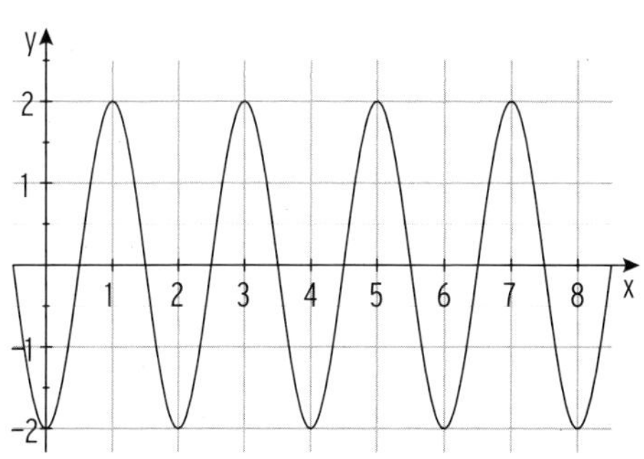

g(x) = ________________

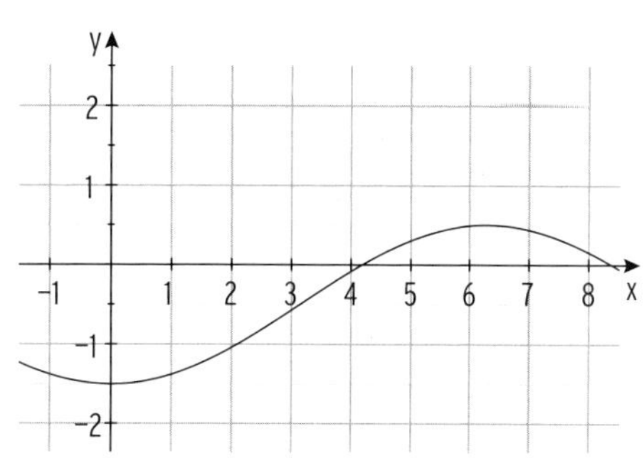

9. Beschriften Sie die Koordinatenachsen.

$f(x) = 4\sin(x) - 2$

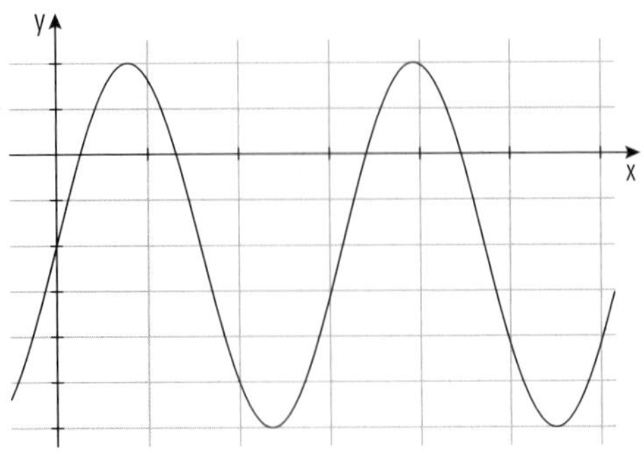

$f(x) = 0{,}5\cos(0{,}5x)$

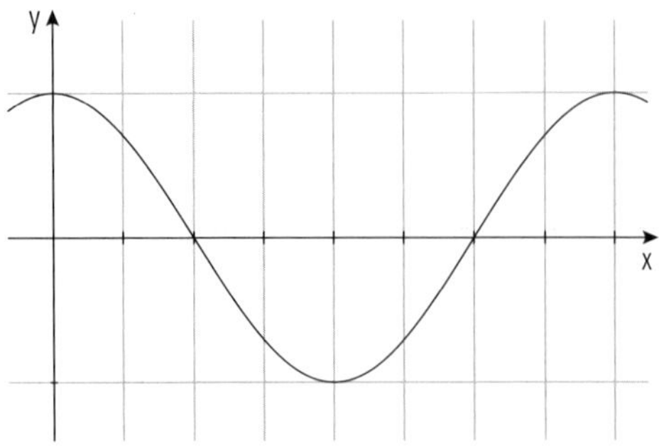

10. Geben Sie den zugehörigen Funktionsterm an. Das Schaubild von f mit $f(x) = \sin(x)$ wird um

a) 2 nach links und um 0,5 nach unten verschoben. $g(x) =$ ___________

b) an der x-Achse gespiegelt und dann um 1 nach oben verschoben. $g(x) =$ ___________

c) mit Faktor 3 in y-Richtung gestreckt und dann um 3 nach links verschoben. $g(x) =$ ___________

d) mit Faktor 2 in x-Richtung gestreckt und dann um 3 nach unten verschoben. $g(x) =$ ___________

11. Wie geht der Graph von g aus dem Graphen von f mit $f(x) = \sin(x)$ hervor?

$g(x) = 2\sin(x) + 1$	Streckung in y-Richtung mit Faktor 2, Verschiebung nach oben um 1
$g(x) = -3\sin(4x) + 2$	
$g(x) = 0{,}25\sin(x - 3) + 5$	
$g(x) = 2{,}5\sin(\pi x) - 3$	
$g(x) = \cos(x) - 1$	

12. Ordnen Sie zu.

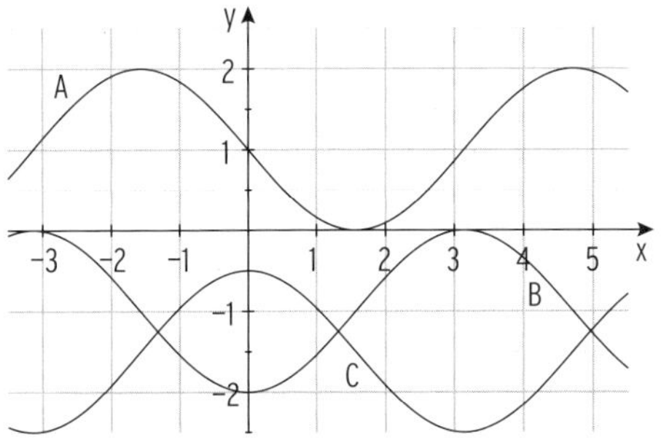

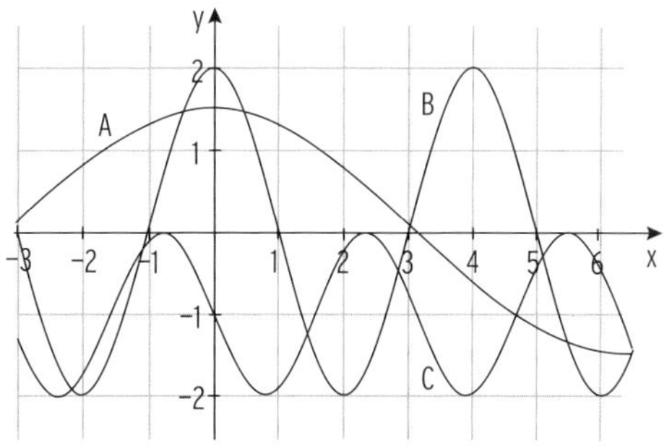

____: $f(x) = -\cos(x) - 1$

____: $g(x) = \cos(x) - 1{,}5$

____: $h(x) = -\sin(x) + 1$

____: $f(x) = 1{,}5\cos(0{,}5x)$

____: $g(x) = -1 - \sin(2x)$

____: $h(x) = 2\cos(\frac{\pi}{2}x)$

13. Sind die Aussagen falsch (f) oder wahr (w)?

a) Durch eine Streckung in y-Richtung mit Faktor $\frac{3}{2}$ vergrößert sich die Amplitude einer Funktion.	☐ w ☐ f
b) Durch eine Streckung in x-Richtung mit Faktor 2 vergrößert sich die Periodenlänge einer Funktion.	☐ w ☐ f
c) Das Schaubild der Funktion f mit $f(x) = 3\sin(3x)$ geht aus der Sinuskurve durch eine Streckung mit Faktor 3 in x- und y-Richtung hervor.	☐ w ☐ f
d) Das Schaubild der Funktion g mit $g(x) = 2\sin(x + 1)$ geht aus der Sinuskurve durch Streckung in x-Richtung und Verschiebung um eine Einheit nach links vor.	☐ w ☐ f
e) Die Funktion f mit $f(x) = 2\sin(x) + 1$ hat den Wertebereich $[-2; 2]$.	☐ w ☐ f
f) Die Funktion f mit $f(x) = 3\sin(x) + 4$ hat den Wertebereich $[1; 7]$.	☐ w ☐ f

14. Die Abbildung zeigt das Schaubild der Funktion f mit $f(x) = \sin(x)$. Lesen Sie alle Lösungen der Gleichungen im Intervall $[-\pi; 2\pi]$ aus der Zeichnung ab.

a) $\sin(x) = -1 \Rightarrow x =$

b) $\sin(x) = 0{,}5 \Rightarrow x =$

c) $\sin(x) = -0{,}5 \Rightarrow x =$

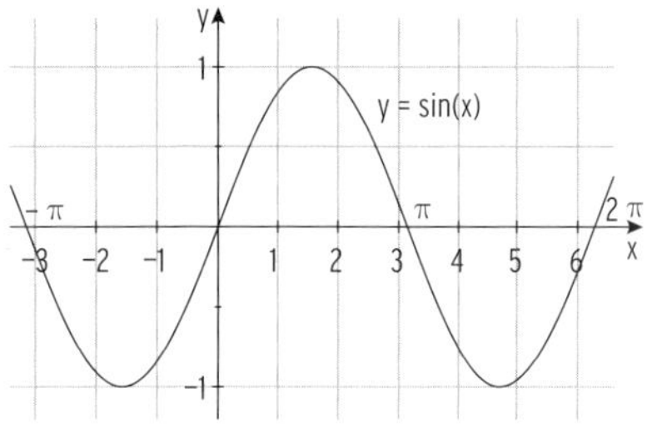

2 Bohner, Ott, Rosner, Deusch - ISBN 978-3-8120-2303-0

15. Geben Sie alle exakten Lösungen im Intervall [0; 2π] an.

a) $2\sin(x) = \sqrt{2}$	b) $\cos(x) = 0{,}5$	c) $2\sin(x) = -1$	d) $\cos(x) = \frac{\sqrt{3}}{2}$
$\sin(x) = \frac{\sqrt{2}}{2}$ WTR: $x_1 = \frac{\pi}{4}$ mithilfe der Sinuskurve: $x_2 = \frac{3\pi}{4}$	WTR: $x = \frac{\pi}{3}$ Symmetrie: $x = -\frac{\pi}{3} \notin [0; 2\pi]$ Lösungen: $x_1 = \frac{\pi}{3}$ $x_2 = -\frac{\pi}{3} + 2\pi = \frac{5\pi}{3}$		

16. Geben Sie alle exakten Lösungen im Intervall [0; 2π] an.

a) $2\sin(2x) = \sqrt{2}$	b) $\cos(\frac{x}{2}) = 0{,}5$	c) $2\sin(\frac{\pi}{3}x) = -1$	d) $\cos(2x) = \frac{\sqrt{3}}{2}$
$\sin(2x) = \frac{\sqrt{2}}{2}$ WTR: $z_1 = \frac{\pi}{4}$ Mit der Sinus-kurve: $z_2 = \frac{3\pi}{4}$ Mit $z = 2x$: $x_1 = \frac{\pi}{8}$; $x_2 = \frac{3\pi}{8}$ Periode $p = \pi$: $x = \frac{\pi}{8} + \pi = \frac{9}{8}\pi$ $x = \frac{3\pi}{8} + \pi = \frac{11}{8}\pi$ Lösungen: $x_1 = \frac{\pi}{8}$; $x_2 = \frac{3\pi}{8}$ $x_3 = \frac{9\pi}{8}$; $x_4 = \frac{11\pi}{8}$	WTR: $z_1 = \frac{\pi}{3}$ Symmetrie: $z_2 = -\frac{\pi}{3}$ Mit $z = \frac{x}{2}$: $x_{1\|2} = \pm\frac{2\pi}{3}$ Lösung: $x_1 = \frac{2\pi}{3}$ ($x_2 = -\frac{2\pi}{3} + 4\pi > 2\pi$ keine Lösung)		

17. Geben Sie alle exakten Lösungen im Intervall [0; 2π] an.

a) $\sin(x) = -\frac{1}{2}\sqrt{2}$	b) $\sin(\frac{\pi}{4}x) = 0$	c) $\cos(\frac{x}{3}) = -0{,}5$	d) $\cos(2x) = 0$

II Lineare Gleichungssysteme

Umformung und Lösung eines linearen Gleichungssystems

1. Lösen Sie das zugehörige lineare Gleichungssystem für x_1, x_2, x_3.

a) $\left(\begin{array}{ccc|c} 1 & 1 & 1 & 0 \\ 2 & 1 & 1 & 5 \\ -3 & 0 & 3 & 3 \end{array}\right)$

$\left(\begin{array}{ccc|c} 1 & 1 & 1 & 0 \\ 2 & 1 & 1 & 5 \\ -3 & 0 & 3 & 3 \end{array}\right)$ $\cdot(-2)$ (row 1 added to row 2), $\cdot 3$ (row 1 added to row 3)

$\left(\begin{array}{ccc|c} 1 & 1 & 1 & 0 \\ 0 & -1 & -1 & 5 \\ 0 & 3 & 6 & 3 \end{array}\right)$ $\cdot 3$ (row 2 added to row 3)

$\left(\begin{array}{ccc|c} 1 & 1 & 1 & 0 \\ 0 & -1 & -1 & 5 \\ 0 & 0 & 3 & 18 \end{array}\right)$

$3x_3 = 18 \Rightarrow x_3 = 6$

Einsetzen in $-x_2 - x_3 = 5$ ergibt:

$-x_2 - 6 = 5 \Rightarrow x_2 = -11$

Einsetzen in $x_1 + x_2 + x_3 = 0$ ergibt:

$x_1 - 11 + 6 = 0 \Rightarrow x_1 = 5$

Lösung: (5; − 11; 6)

b) $\left(\begin{array}{ccc|c} 2 & 1 & 5 & 13 \\ 4 & 3 & 2 & -9 \\ -3 & -4 & -3 & 6 \end{array}\right)$

c) $\left(\begin{array}{ccc|c} 1 & 2 & 3 & 5 \\ 4 & 6 & 1 & 3 \\ -1 & -1 & 4 & 5 \end{array}\right)$

d) $\left(\begin{array}{ccc|c} 1 & 1 & -1 & 1 \\ -2 & 2 & 1 & 1 \\ 3 & 4 & -5 & -5 \end{array}\right)$

2. Der Graph einer quadratischen Funktion verläuft durch die Punkte A, B und C. Bestimmen Sie den Funktionsterm der quadratischen Funktion.

a) A(1 | 1), B(3 | 3) und C(− 2 | 1)

Lösung durch Punktprobe in $f(x) = ax^2 + bx + c$:

A(1 | 1):	$a + b + c = 1$	
B(3 | 3):	$9a + 3b + c = 3$	LGS für a, b, c
C(−2 | 1):	$4a - 2b + c = 1$	

LGS in Matrixform: $\left(\begin{array}{ccc|c} 1 & 1 & 1 & 1 \\ 9 & 3 & 1 & 3 \\ 4 & -2 & 1 & 1 \end{array}\right)$ $\cdot(-9)$ $\cdot(-4)$

Lösung mit dem Gauß-Verfahren: $\left(\begin{array}{ccc|c} 1 & 1 & 1 & 1 \\ 0 & -6 & -8 & -6 \\ 0 & -6 & -3 & -3 \end{array}\right)$ $\cdot(-1)$

$\left(\begin{array}{ccc|c} 1 & 1 & 1 & 1 \\ 0 & -6 & -8 & -6 \\ 0 & 0 & 5 & 3 \end{array}\right)$

Aus Zeile 3: $c = \frac{3}{5}$; Einsetzen von c in Zeile 2: $-6b - 8 \cdot \frac{3}{5} = -6 \quad \Rightarrow b = \frac{1}{5}$

Einsetzen von b und c in Zeile 1: $a + \frac{1}{5} + \frac{3}{5} = 1 \Rightarrow a = \frac{1}{5}$

Funktionsterm der quadratischen Funktion: $f(x) = 0{,}2x^2 + 0{,}2x + 0{,}6$

b) A(1 | 2), B(2 | 4) und C(3 | 6,5)

1. Lösung durch Punktprobe in $f(x) = ax^2 + bx + c$:

A(1 | 2):	____________ = ___	
B(2 | 4):	____________ = ___	LGS für a, b, c
C(3 | 6,5):	____________ = ___	

2. Schreiben Sie das LGS in Matrixform $\left(\begin{array}{ccc|c} 1 & 1 & 1 & 2 \\ \dots & \dots & \dots & \dots \\ \dots & \dots & \dots & \dots \end{array}\right)$

3. Lösung mit dem Gauß-Verfahren: $\left(\begin{array}{ccc|c} 1 & 1 & 1 & 2 \\ 0 & \dots & \dots & \dots \\ 0 & \dots & \dots & \dots \end{array}\right)$

$\left(\begin{array}{ccc|c} 1 & 1 & 1 & 1 \\ 0 & \dots & \dots & \dots \\ 0 & 0 & \dots & \dots \end{array}\right)$

Aus Zeile 3 $\qquad$ c = __________

Einsetzen von c in Zeile 2: $\qquad$ ____________ ⇒ b = ____

Einsetzen von b und c in Zeile 1: $\qquad$ ____________ ⇒ a = ____

Funktionsterm der quadratischen Funktion: $\qquad$ f(x) = ____ x^2 ____ x + ____

3. Das lineare Gleichungssystem wird mit dem Gaußverfahren gelöst. Ergänzen Sie die fehlenden Zahlen.

a) $\left(\begin{array}{ccc|c} 1 & 1 & 1 & 0 \\ 2 & 3 & 3 & 4 \\ -2 & 0 & 3 & -1 \end{array}\right) \sim \left(\begin{array}{ccc|c} 1 & 1 & 1 & 0 \\ 0 & 1 & 1 & 4 \\ 0 & 2 & 5 & \end{array}\right) \sim \left(\begin{array}{ccc|c} 1 & 1 & 1 & 0 \\ 0 & 1 & 1 & \\ 0 & 0 & & -9 \end{array}\right)$

b) $\left(\begin{array}{ccc|c} 1 & 4 & -1 & 2 \\ -3 & 2 & 0 & 1 \\ 4 & 8 & -5 & -3 \end{array}\right) \sim \left(\begin{array}{ccc|c} 1 & 4 & -1 & 2 \\ 0 & & -3 & 7 \\ 0 & -8 & & -11 \end{array}\right) \sim \left(\begin{array}{ccc|c} 1 & 4 & -1 & 2 \\ 0 & 14 & -3 & 7 \\ 0 & & 0 & \end{array}\right)$

4. Das lineare Gleichungssystem für x_1, x_2, x_3 hat genau eine Lösung. Bestimmen Sie die Lösung.

a) $\left(\begin{array}{ccc\|c} 1 & 0 & 2 & 1 \\ 0 & 2 & 0 & 3 \\ 0 & 0 & 3 & -3 \end{array}\right)$	$3x_3 = -3$; $x_3 = -1$ $2x_2 = 3$; $x_2 = 1{,}5$ eingesetzt in $x_1 + 2x_3 = 1$ ergibt: $x_1 + 2 \cdot (-1) = 1 \Rightarrow x_1 = 3$	Lösung: (3; 1,5; − 1) oder: $x_1 = 3$; $x_2 = 1{,}5$; $x_3 = -1$
b) $\left(\begin{array}{ccc\|c} 1 & 2 & -1 & 4 \\ 0 & 1 & 0 & 1 \\ 0 & 1 & 2 & -2 \end{array}\right)$		

5. Das lineare Gleichungssystem hat unendlich viele Lösungen. Bestimmen Sie die allgemeine Lösung.

a) $\left(\begin{array}{ccc\|c} 1 & -2 & 1 & 0 \\ 0 & 1 & -1 & 2 \\ 0 & 0 & 0 & 0 \end{array}\right)$	Wählen Sie: $x_3 = r$ Eingesetzt in $x_2 - x_3 = 2$: $x_2 = 2 + r$ Eingesetzt in $x_1 - 2x_2 + x_3 = 0$ $x_1 - 2\,(2 + r) + r = 0$: $x_1 = 4 + r$	Lösung: (4 + r; 2 + r; r) oder: $x_1 = 4 + r$; $x_2 = 2 + r$; $x_3 = r$
b) $\left(\begin{array}{ccc\|c} 1 & 1 & 1 & 0 \\ 0 & 1 & 2 & 4 \\ 0 & 0 & 0 & 0 \end{array}\right)$		
c) $\left(\begin{array}{ccc\|c} 1 & -1 & 1 & 5 \\ 0 & 2 & 0 & 4 \\ 0 & 0 & 0 & 0 \end{array}\right)$		

6. Ist die dargestellte Umformung beim Gauß-Verfahren korrekt? Beschreiben Sie ansonsten den Fehler.

Umformung	Umformung ist	Fehlerbeschreibung
$\left(\begin{array}{ccc\|c} 1 & 1 & 1 & 5 \\ 1 & 0 & 3 & -1 \\ 0 & 2 & 4 & 2 \end{array}\right) \; \vert -1$	☐ richtig	
$\left(\begin{array}{ccc\|c} 1 & 1 & 1 & 5 \\ 0 & -1 & 2 & -2 \\ 0 & 2 & 4 & 2 \end{array}\right)$	☐ falsch	
$\left(\begin{array}{ccc\|c} 1 & 1 & 1 & 5 \\ 1 & 0 & 3 & -1 \\ 0 & 2 & 4 & 2 \end{array}\right) \; \vert \cdot 0$	☐ richtig	
$\left(\begin{array}{ccc\|c} 1 & 1 & 1 & 5 \\ 1 & 0 & 3 & -1 \\ 0 & 0 & 0 & 0 \end{array}\right)$	☐ falsch	
$\left(\begin{array}{ccc\|c} 1 & 2 & 1 & 5 \\ 0 & -7 & 3 & -1 \\ 0 & -2 & 1 & 3 \end{array}\right)$ (Zeile 2 → Zeile 3)	☐ richtig	
$\left(\begin{array}{ccc\|c} 1 & 2 & 1 & 5 \\ 0 & -7 & 3 & -1 \\ 0 & 0 & 2 & 8 \end{array}\right)$	☐ falsch	

7. Ergänzen Sie die Werte in der erweiterten Koeffizientmatrix so, dass das LGS

a) eindeutig lösbar

$$\left(\begin{array}{ccc|c} 1 & 0 & -1 & 0 \\ 0 & 1 & 2 & 4 \\ 0 & 0 & \square & \square \end{array}\right)$$

Lösung:

____

b) mehrdeutig lösbar

$$\left(\begin{array}{ccc|c} 1 & 1 & 1 & 0 \\ 0 & 1 & 2 & 4 \\ 0 & \square & \square & \square \end{array}\right)$$

Lösung:

____

c) unlösbar ist.

$$\left(\begin{array}{ccc|c} 1 & 1 & 1 & 3 \\ 0 & 0 & 2 & -5 \\ 0 & \square & \square & \square \end{array}\right)$$

____

8. Gegeben ist die allgemeine Lösung eines linearen Gleichungssystems. Ist der gegebene Vektor eine Lösung?

allgemeine Lösung	Lösungsvektor?		Lösungsvektor?	
$\vec{x} = \begin{pmatrix} 2r-1 \\ r-1 \\ r \end{pmatrix}; r \in \mathbb{R}$	$\begin{pmatrix} 3 \\ 1 \\ 2 \end{pmatrix}$	☐ ist Lösung ☐ ist keine Lösung	$\begin{pmatrix} -1 \\ -1 \\ 2 \end{pmatrix}$	☐ ist Lösung ☐ ist keine Lösung
$\vec{x} = \begin{pmatrix} -2r \\ 4r \\ -r \end{pmatrix}; r \in \mathbb{R}$	$\begin{pmatrix} 0 \\ 1 \\ -2 \end{pmatrix}$	☐ ist Lösung ☐ ist keine Lösung	$\begin{pmatrix} 2 \\ -4 \\ 1 \end{pmatrix}$	☐ ist Lösung ☐ ist keine Lösung
$\vec{x} = \begin{pmatrix} r \\ r+1 \\ 3 \end{pmatrix}; r \in \mathbb{R}$	$\begin{pmatrix} 3 \\ 4 \\ 3 \end{pmatrix}$	☐ ist Lösung ☐ ist keine Lösung	$\begin{pmatrix} -1 \\ 0 \\ 3 \end{pmatrix}$	☐ ist Lösung ☐ ist keine Lösung

9. Dargestellt ist ein LGS in Matrixform. Ordnen Sie dieses bezüglich der Lösbarkeit ein. Begründen Sie Ihre Entscheidung.

a) Anzahl Unbekannte = Anzahl Gleichungen

<table>
<tr><th>LGS in Matrixform</th><th>Lösbarkeit</th><th>Begründung</th></tr>
<tr><td>$\left(\begin{array}{ccc|c} 1 & 1 & -1 & 0 \\ 0 & 1 & 2 & 4 \\ 0 & 0 & 1 & 0 \end{array}\right)$</td><td>☐ eindeutig lösbar
☐ mehrdeutig lösbar
☐ unlösbar</td><td></td></tr>
<tr><td>$\left(\begin{array}{ccc|c} 1 & 1 & 1 & 0 \\ 0 & 1 & 2 & 4 \\ 0 & 0 & 0 & 3 \end{array}\right)$</td><td>☐ eindeutig lösbar
☐ mehrdeutig lösbar
☐ unlösbar</td><td></td></tr>
<tr><td>$\left(\begin{array}{ccc|c} 1 & 1 & 1 & 3 \\ 0 & 0 & 2 & -5 \\ 0 & 0 & -1 & 2{,}5 \end{array}\right)$</td><td>☐ eindeutig lösbar
☐ mehrdeutig lösbar
☐ unlösbar</td><td></td></tr>
<tr><td>$\left(\begin{array}{ccc|c} 0 & 1 & 1 & 0 \\ 0 & 2 & 0 & -1 \\ 0 & 0 & 4 & 2 \end{array}\right)$</td><td>☐ eindeutig lösbar
☐ mehrdeutig lösbar
☐ unlösbar</td><td></td></tr>
<tr><td>$\left(\begin{array}{ccc|c} 1 & 1 & 1 & 5 \\ 1 & 0 & 3 & -1 \\ 0 & 0 & 1 & 2 \end{array}\right)$</td><td>☐ eindeutig lösbar
☐ mehrdeutig lösbar
☐ unlösbar</td><td></td></tr>
<tr><td>$\left(\begin{array}{ccc|c} 1 & 1 & 1 & 5 \\ 2 & 2 & 2 & 1 \\ 3 & 3 & 3 & 0 \end{array}\right)$</td><td>☐ eindeutig lösbar
☐ mehrdeutig lösbar
☐ unlösbar</td><td></td></tr>
</table>

b) Anzahl Unbekannte < Anzahl Gleichungen

<table>
<tr><td>$\left(\begin{array}{cc|c} 1 & 2 & 1 \\ 2 & 4 & 2 \\ 3 & 6 & -3 \end{array}\right)$</td><td>☐ eindeutig lösbar
☐ mehrdeutig lösbar
☐ unlösbar</td><td></td></tr>
<tr><td>$\left(\begin{array}{cc|c} 1 & 2 & 2 \\ 0 & -1 & 2 \\ 0 & 2 & 4 \end{array}\right)$</td><td>☐ eindeutig lösbar
☐ mehrdeutig lösbar
☐ unlösbar</td><td></td></tr>
</table>

c) Anzahl Unbekannte > Anzahl Gleichungen

<table>
<tr><td>$\left(\begin{array}{ccc|c} 1 & 1 & -1 & 0 \\ 0 & 1 & 2 & 4 \end{array}\right)$</td><td>☐ eindeutig lösbar
☐ mehrdeutig lösbar
☐ unlösbar</td><td></td></tr>
<tr><td>$\left(\begin{array}{ccc|c} 1 & 1 & -1 & 4 \\ 2 & 2 & -2 & 4 \end{array}\right)$</td><td>☐ eindeutig lösbar
☐ mehrdeutig lösbar
☐ unlösbar</td><td></td></tr>
</table>

III Differenzialrechnung

1 Differenzialquotient und Ableitung

1. Bestimmen Sie die mittlere Änderungsrate auf [a; b].

$f(x) = (x + 1)^2$; [0; 2]	$\frac{f(2) - f(0)}{2 - 0} = \frac{9 - 1}{2} = 4$
$f(x) = 6x - 2x^3$; [1; 3]	
$f(x) = 3e^{\frac{1}{2}x}$; [− 1; 2]	
$f(x) = 2\sin(2x)$; [0; $\frac{\pi}{4}$]	
$f(x) = 9$; [− 5; 3]	
$f(x) = x^4 - x^2$; [− 2; 0]	

2. Bestimmen Sie die momentane Änderungsrate in x_0.

$f(x) = x^2 + 2;\ x_0 = 2$	$\frac{f(2 + h) - f(2)}{h} = \frac{(2 + h)^2 + 2 - 6}{h} = \frac{h^2 + 4h}{h} = h + 4$ $h + 4 \to 4$ für $h \to 0$ $\quad m_t = f'(2) = 4$
$f(x) = 6x^2 - 2$; $x_0 = 1$	
$f(x) = x^2 - x$; $x_0 = 0$	

3. Für eine Funktion f gilt folgende Bedingung. Welche Aussagen lassen sich daraus für das Schaubild K von f treffen?

$f'(2) = -3$	K hat in x = 2 die Steigung − 3.
$f'(4) = 0$	
$f'(x) > 0;\ x \in \mathbb{R}$	
$f(-1) = 0$	
$f(4) < 0$	
$f'(-2) = -1$	
$f(3) = 4 \wedge f'(3) = 0$ (∧ = und)	
$f'(x) = 1$	

4. Bestimmen Sie die mittlere Änderungsrate von f auf [1; 3] und die momentane Änderungsrate in $x_0 = 1$ mithilfe der Abbildung.

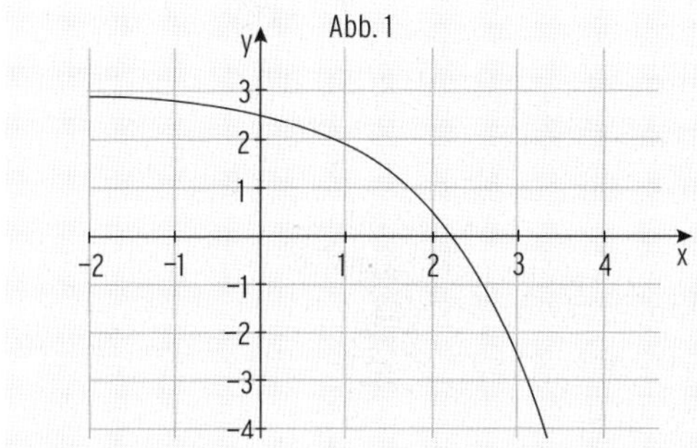

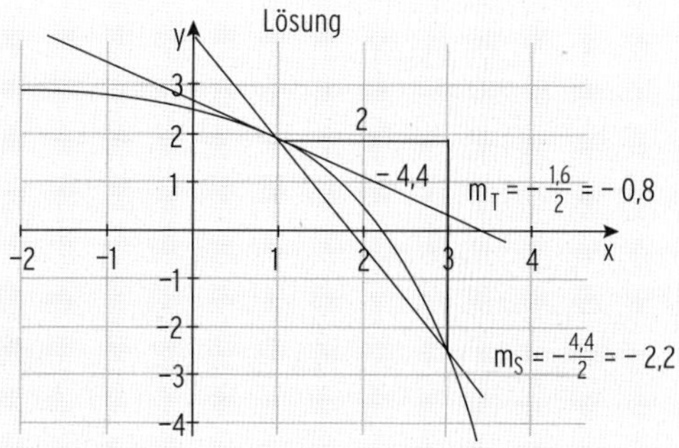

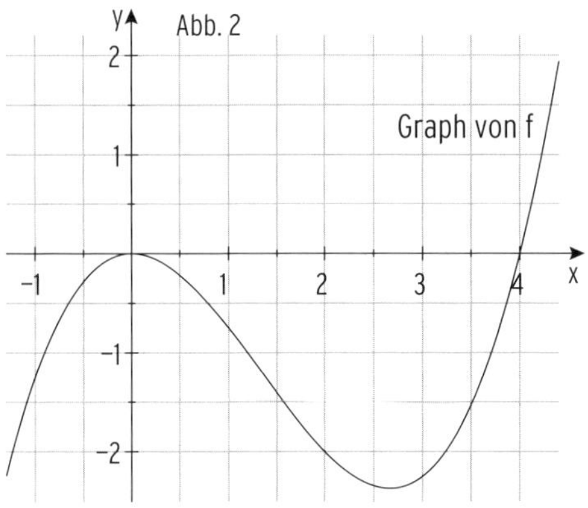

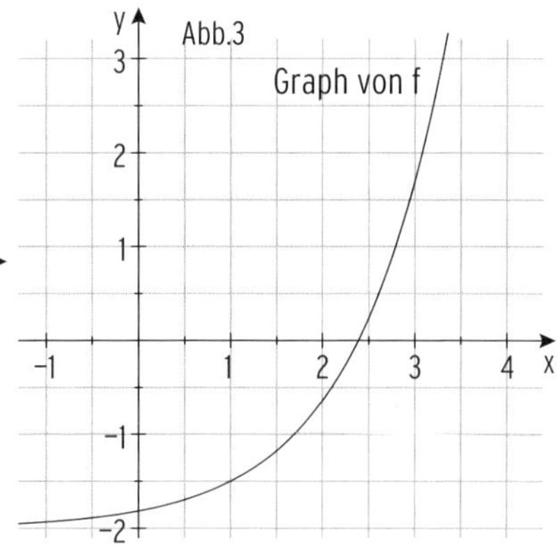

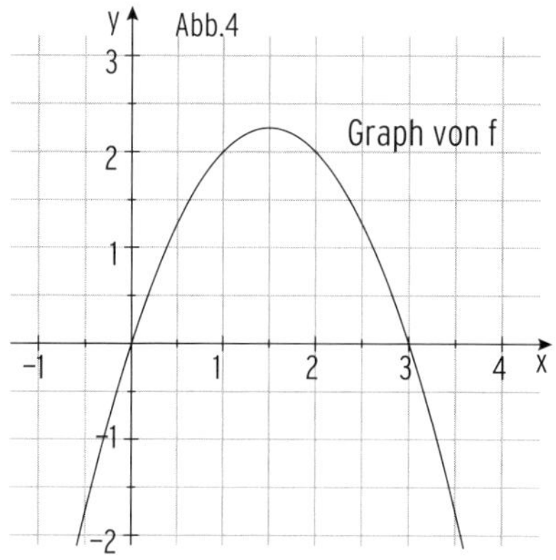

m_s = ______ m_t = ______ m_s = ______ m_t = ______ m_s = ______ m_t = ______

5. Die Abbildung zeigt das Schaubild K einer Funktion f. Beantworten Sie folgende Fragen.
   a) An welcher Stelle hat K eine waagrechte Tangente?
   b) An welcher Stelle hat K die Steigung 2?
   c) Auf welchem Bereich sind die Steigungen von K negativ?

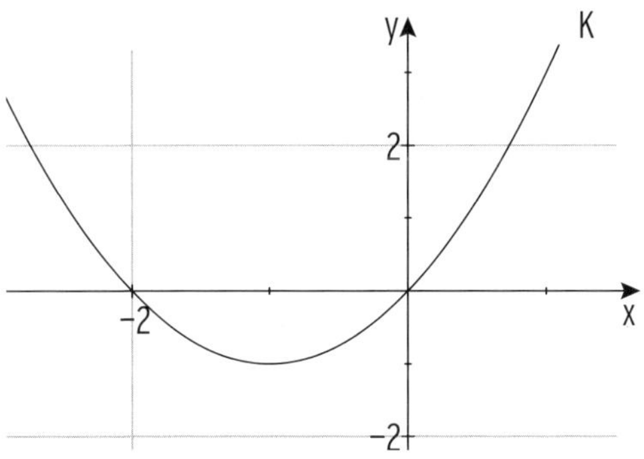

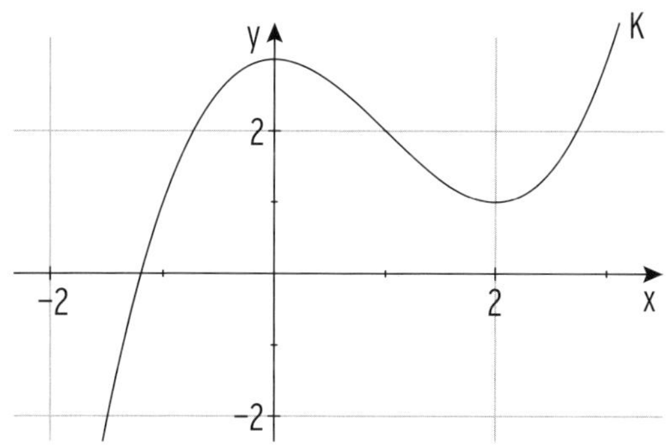

Lösung:

a) ______________________

b) ______________________

c) ______________________

Lösung:

a) ______________________

b) ______________________

c) ______________________

3 Bohner, Ott, Rosner, Deusch - ISBN 978-3-8120-2303-0

6. Gegeben sind die Schaubilder der Funktion f und der zugehörigen Ableitungsfunktion f′. Entscheiden Sie, ob die Aussagen wahr oder falsch sind.

a)

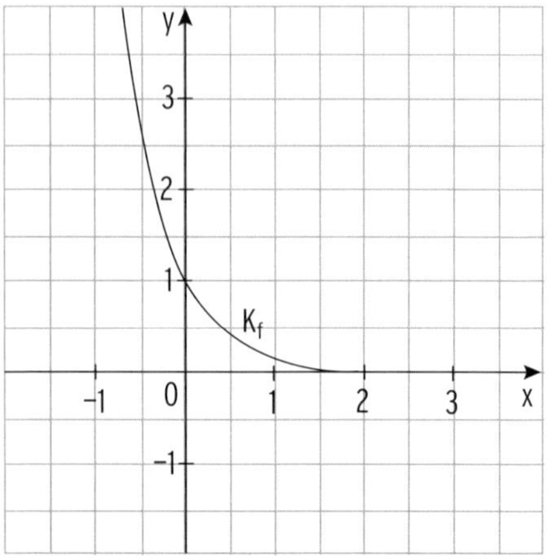

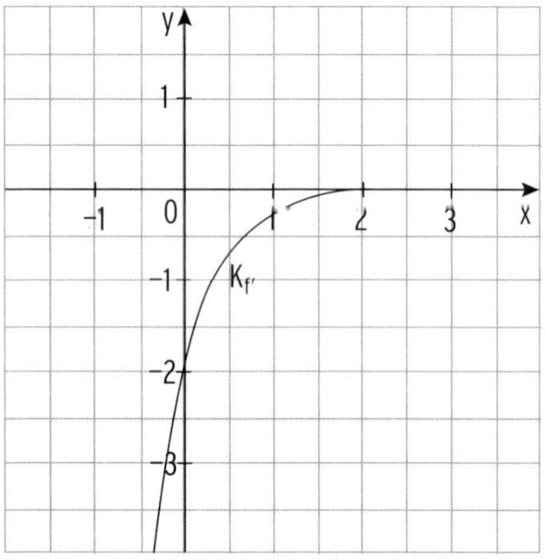

$f(-1) > f(1)$ ☐ wahr ☐ falsch

$f(0) > f'(0)$ ☐ wahr ☐ falsch

Es gibt keinen Punkt auf K_f, in dem K_f eine Steigung von − 3 aufweist. ☐ wahr ☐ falsch

Im Schnittpunkt mit der y-Achse hat K_f die Steigung − 2. ☐ wahr ☐ falsch

$f(2) \cdot f'(2) < 0$ ☐ wahr ☐ falsch

b)

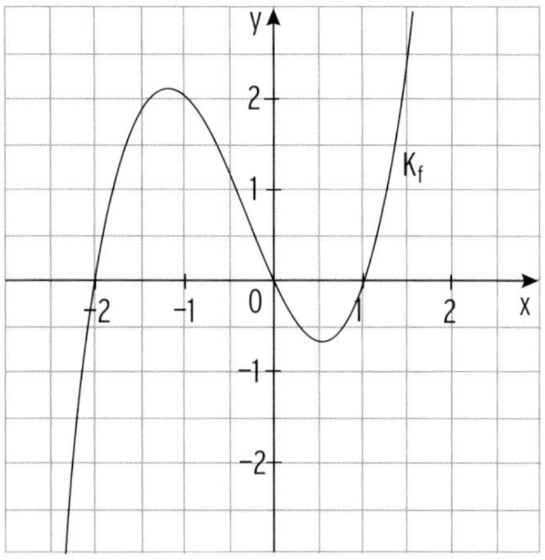

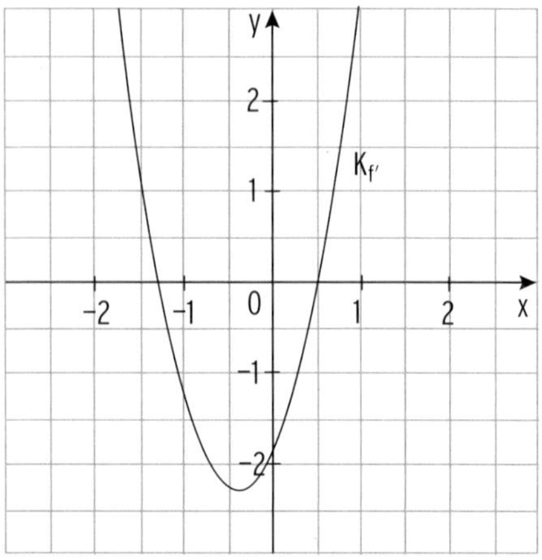

K_f ist bei x = 1 steiler als die Gerade mit $y = -0{,}5x + 2$. ☐ wahr ☐ falsch

Die momentane Änderungsrate von f ist bei x=0 negativ. ☐ wahr ☐ falsch

$f(1) > f'(1)$ ☐ wahr ☐ falsch

Es gibt einen Punkt auf K_f mit y-Wert 2, in dem K_f eine Steigung von − 1 hat. ☐ wahr ☐ falsch

Die mittlere Änderungsrate auf $[-2; -1]$ ist größer als die momentane Änderungsrate in $x = -2$. ☐ wahr ☐ falsch

7. Bilden Sie die erste Ableitung.

$f(x) = 2\cos(x) + 1$	$f'(x) = -2\sin(x)$
$f(x) = -3\sin(x) - x$	$f'(x) =$
$f(x) = \frac{1}{4}x^3 + x^4 + 3$	$f'(x) =$
$f(x) = \frac{1}{32}x^3 + x^2 + x - 4$	$f'(x) =$
$f(x) = 5e^x + 2x - 1$	$f'(x) =$
$f(x) = ae^x + b$	$f'(x) =$

8. Bilden Sie die erste Ableitung mithilfe der Kettenregel.

$f(x) = 2\sin(3x)$	$f'(x) = 2 \cdot 3\cos(3x) = 6\cos(3x)$
$f(x) = \frac{5}{3}e^{-4x}$	$f'(x) = -4 \cdot \frac{5}{3}e^{-4x} = -\frac{20}{3}e^{-4x}$
$f(x) = -0{,}25e^{8x} + 2$	$f'(x) =$
$f(x) = -1{,}2e^{-3x} + 5x$	$f'(x) =$
$f(x) = 2ae^{bx} + c$	$f'(x) =$
$f(x) = -\pi\cos(0{,}5x)$	$f'(x) =$
$f(x) = x - \sin(0{,}3\pi x)$	$f'(x) =$
$f(x) = \frac{9}{5}e^{-x} + x^2$	$f'(x) =$
$f(x) = 4\sin(2x) + 1$	$f'(x) =$
$f(x) = 1 - 2\cos(2x)$	$f'(x) =$
$f'(x) = 4\cos(\frac{x}{\pi})$	$f'(x) =$

9. Bilden Sie die erste und die zweite Ableitung.

$f(x) = 2\cos(4x) + 2x$	$f'(x) = -8\sin(4x) + 2$	$f''(x) = -32\cos(4x)$
$f(x) = 6e^{2x} - x^2$	$f'(x) =$	$f''(x) =$
$f(x) = \frac{1}{4}\cos(3x)$	$f'(x) =$	$f''(x) =$
$f(x) = \frac{1}{16}(x^4 + x^2 - 8)$	$f'(x) =$	$f''(x) =$

10. Entscheiden Sie, ob hier richtig oder falsch abgeleitet wurde. Beschreiben Sie gegebenenfalls kurz, worin der Fehler besteht.

Funktionsterme	richtig falsch	richtig wäre ...	Was wurde nicht beachtet?
$f(x) = 2x^4 + 2x^2$ $f'(x) = 8x^4 + 4x^2$	☐ (r) ☒ (f)	$f'(x) = 8x^3 + 4x$	Potenzregel: $(x^4)' = 4x^3$
$f(x) = 3x^6 - 3x^4 + x$ $f'(x) = 18x^5 - 12x^3$	☐ (r) ☐ (f)	$f'(x) =$	
$f(x) = \frac{1}{2}e^{2x}$ $f'(x) = e^{2x}$	☐ (r) ☐ (f)	$f'(x) =$	
$f(x) = \sin(2x) + 1$ $f'(x) = \cos(2x)$	☐ (r) ☐ (f)	$f'(x) =$	
$f(x) = e^{2x} - x^2$ $f'(x) = e^{2x} - 2x$	☐ (r) ☐ (f)	$f'(x) =$	
$f(x) = \cos(\pi x)$ $f'(x) = \sin(\pi x)$	☐ (r) ☐ (f)	$f'(x) =$	
$f(x) = 2x(x^3 + 4x^2)$ $f'(x) = 2(3x^2 + 8x)$	☐ (r) ☐ (f)	$f'(x) =$	

11. Sind die Aussagen wahr (w) oder falsch (f)?

Der Funktionswert von f mit $f(x) = x^2 + 1$; $x \in \mathbb{R}$, entspricht an jeder Stelle x der Steigung des Graphen der Ableitungsfunktion.	☐ (w) ☐ (f)
Der y-Wert $f'(x)$ entspricht an jeder Stelle x der Steigung des Graphen der Funktion f.	☐ (w) ☐ (f)
Die Ableitungsfunktion einer linearen Funktion ist eine konstante Funktion.	☐ (w) ☐ (f)
Es gibt keine zwei Funktionen, welche beide die gleiche Ableitungsfunktion haben.	☐ (w) ☐ (f)
Bei der Funktion f mit $f(x) = e^x$ entspricht der y-Wert an jeder Stelle der Steigung des zugehörigen Schaubildes.	☐ (w) ☐ (f)

2 *Tangente und Normale*

1. Berechnen Sie die Gleichung der Tangente an das Schaubild von f an der Stelle x = u.

$f(x) = 3x - 2x^2$ $u = -2$	$f(-2) = 3 \cdot (-2) - 2 \cdot (-2)^2 = -14$ $f'(x) = 3 - 4x$; $f'(-2) = 3 - 4(-2) = 11$; also $m_t = 11$ Tangentengleichung: $y = 11x + b$ Punktprobe mit $B(-2 \mid -14)$: $-14 = 11 \cdot (-2) + b \Rightarrow b = 8$ Tangentengleichung: $y = 11x + 8$
$f(x) = x - 2e^{0,25x}$ $u = 4$	
$f(x) = \frac{1}{2}\sin(3x) + 1$ $u = \frac{\pi}{6}$	

2. Berechnen Sie die Gleichung der Normale an das Schaubild von f an der Stelle x = u.

$f(x) = x^3 - x^2$ $u = -1$ $m_n = -\frac{1}{m_t}$	$f(-1) = (-1)^3 - (-1)^2 = -2$ $f'(x) = 3x^2 - 2x$; $f'(-1) = 3 \cdot (-1)^2 - 2(-1) = 5 \Rightarrow m_n = -\frac{1}{5}$ Normalengleichung: $y = -\frac{1}{5}x + b$ Punktprobe mit $B(-1 \mid -2)$: $-2 = -\frac{1}{5} \cdot (-1) + b \Rightarrow b = -\frac{11}{5}$ Normalengleichung: $y = -\frac{1}{5}x - \frac{11}{5}$
$f(x) = 3 - 2e^{-x}$ $u = 0$	
$f(x) = 2\cos(2x) + 2$ $u = \frac{\pi}{4}$	

3. Gezeichnet ist das Schaubild einer Funktion h mit der Definitionsmenge D = [− 1; 8]. Prüfen Sie für jede der folgenden Aussagen, ob sie wahr oder falsch ist.

$h'(1) < 0$	☐ (w)	☐ (f)
Das Schaubild von h′ geht durch den Punkt Q(2 | 0).	☐ (w)	☐ (f)
$h'(7) = -0{,}5$	☐ (w)	☐ (f)
Es gibt ein $x \in D$ für das gilt: $h'(x) = 0$.	☐ (w)	☐ (f)
Die Gleichung $h'(x) = 1$ hat eine Lösung.	☐ (w)	☐ (f)

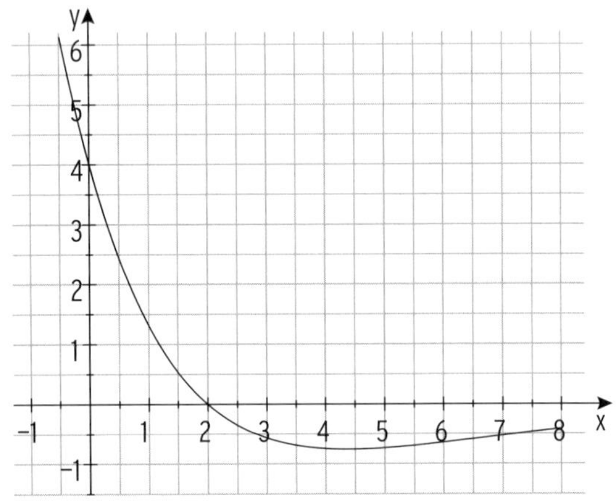

4. Berührt das Schaubild K von f mit $f(x) = \frac{1}{16}x^4 - \frac{1}{2}x^2 + 1$; $x \in \mathbb{R}$, die x-Achse? Begründen Sie durch Rechnung. Skizzieren Sie das Schaubild von f.

Lösung:

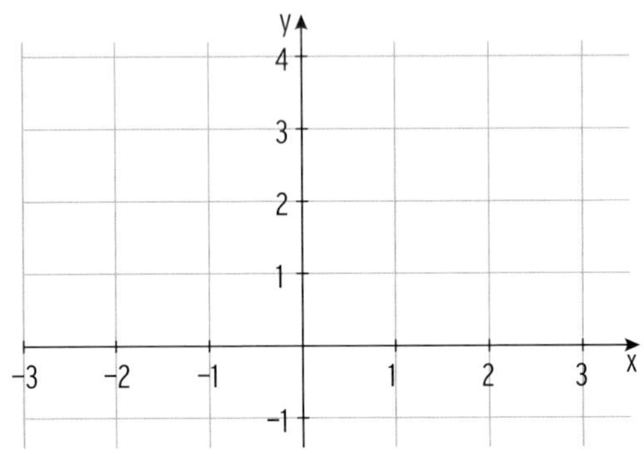

5. Berühren sich das Schaubild von f mit $f(x) = -\frac{1}{2}x^2 + 2$; $x \in \mathbb{R}$, und das Schaubild von g mit $g(x) = e^{2-x} + x - e + 0{,}5$; $x \in \mathbb{R}$, in $x_0 = 1$? Begründen Sie rechnerisch.

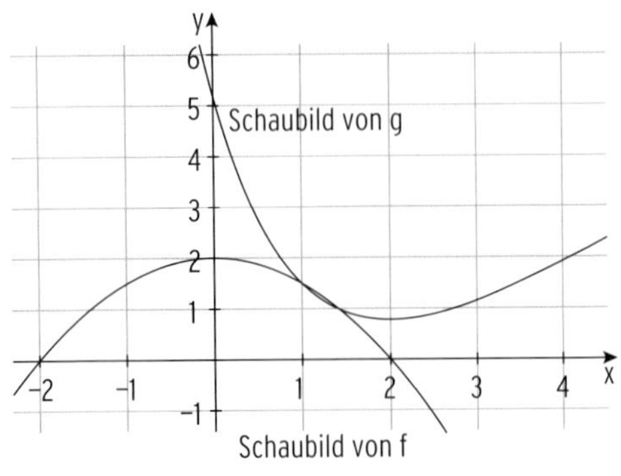

Lösung:

6. Zeigen Sie: Das Schaubild K von f mit $f(x) = x^2(x^2 - 5)$; $x \in \mathbb{R}$, und das Schaubild G von g mit $g(x) = 3x^2 - 16$; $x \in \mathbb{R}$, haben genau zwei gemeinsame Punkte.
Welche besonderen Eigenschaften liegen vor?

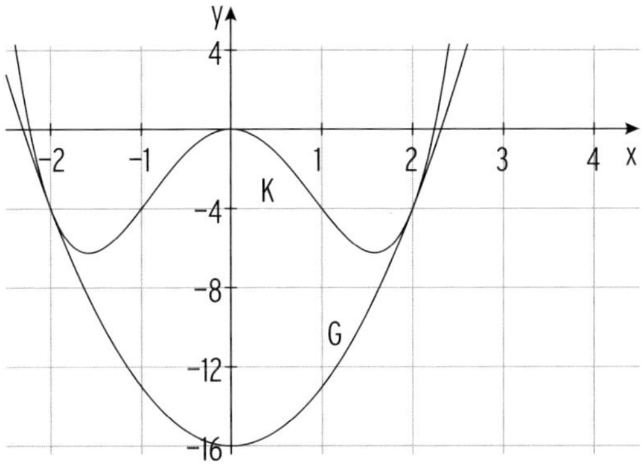

Lösung:

7. Schneiden sich die Schaubilder von f mit $f(x) = 1{,}5e^{2x} + 3$ und g mit $g(x) = x^2 - \frac{1}{3}x + \frac{9}{2}$ senkrecht? Begründen Sie durch eine Rechnung.

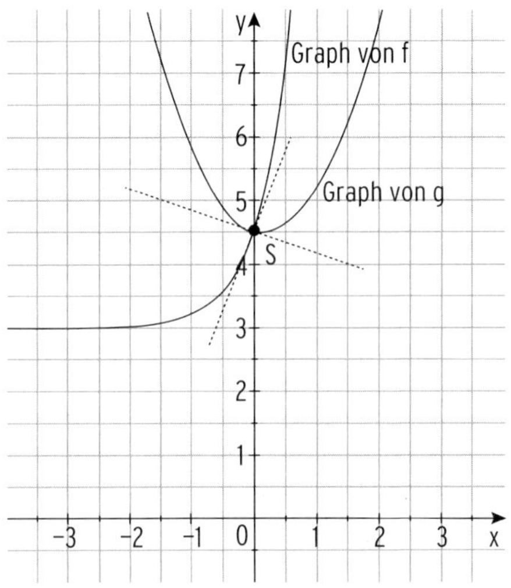

Lösung:

8. Das Fahrzeug bricht in $x_0 = 10$ aus.
Trifft es das Hindernis im Punkt P(20 I 0,25)?

$f(x) = 5{,}5e^{-0{,}1x}$; $f'(x) =$

Tangente in

Punktprobe mit P:

Skizze:

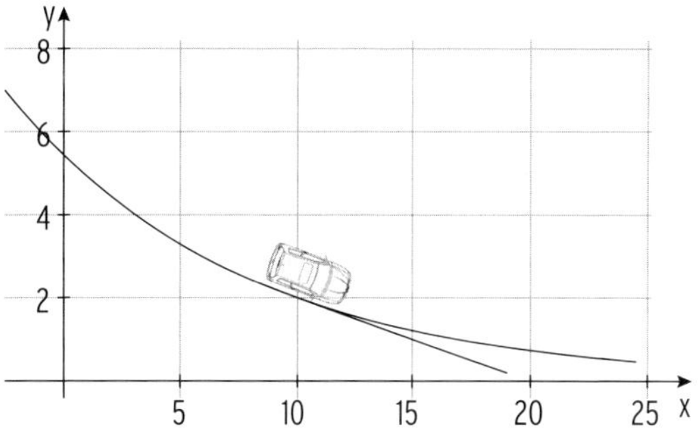

3 Grafisches Differenzieren

1. Zeichnen Sie das Schaubild der 1. Ableitungsfunktion.

Abb. 1

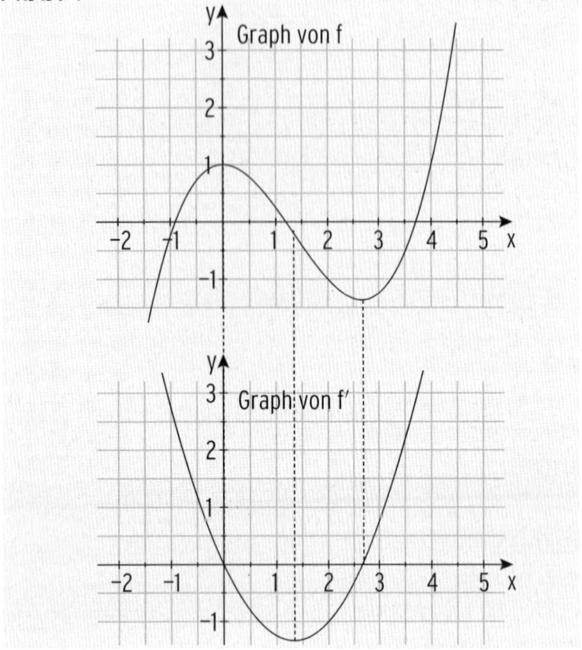

Abb. 2

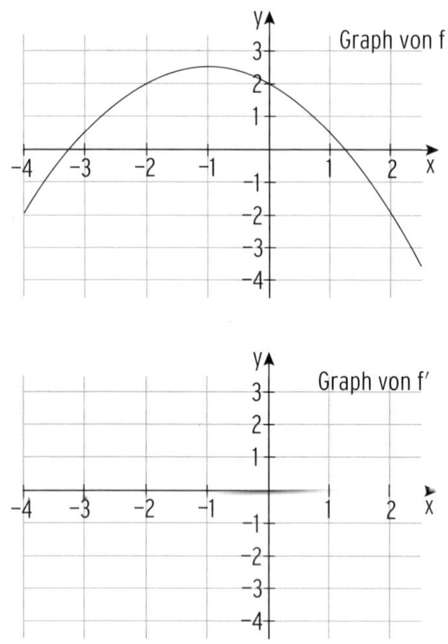

Abb. 3

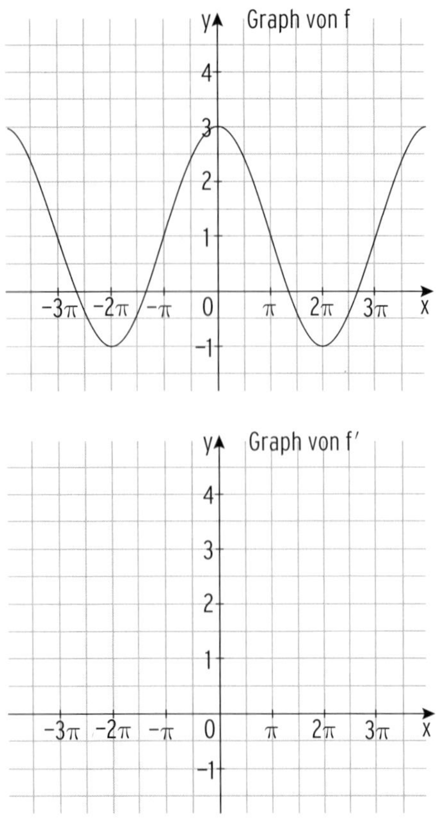

Abb. 4

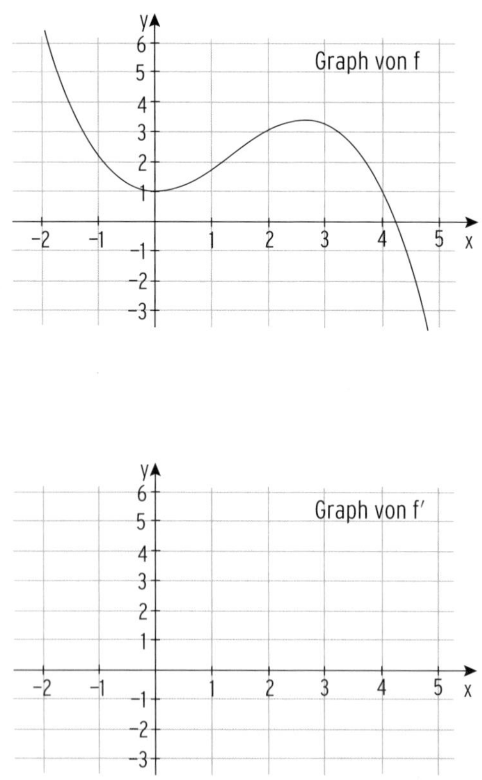

2. Die folgenden Abbildungen 1 und 2 zeigen die Schaubilder einer Funktion und ihrer Ableitungsfunktion. Welches Schaubild gehört zur Funktion, welches zur Ableitungsfunktion? Begründen Sie Ihre Entscheidung.

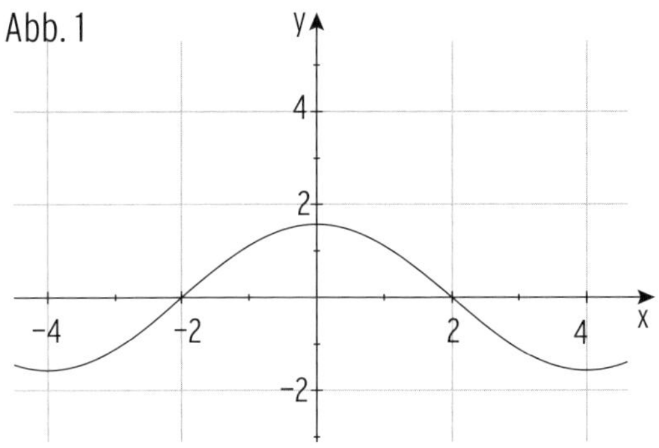

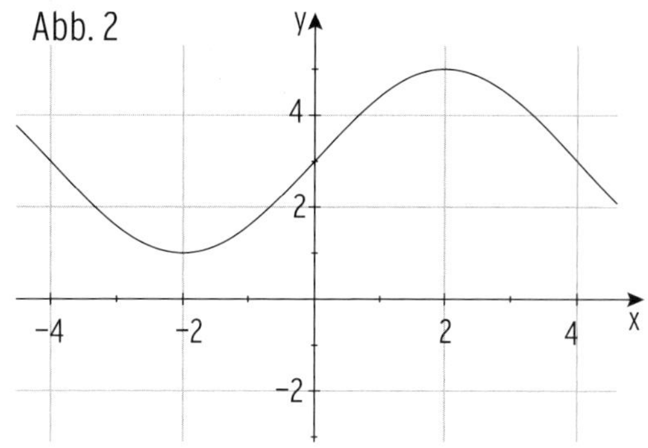

Zuordnung: ______________________________

Begründung: ______________________________

____

3. Die Abbildungen zeigen die Schaubilder K von f, G von g und H von h und die Schaubilder der zugehörigen Ableitungsfunktionen. Ordnen Sie zu und begründen Sie.

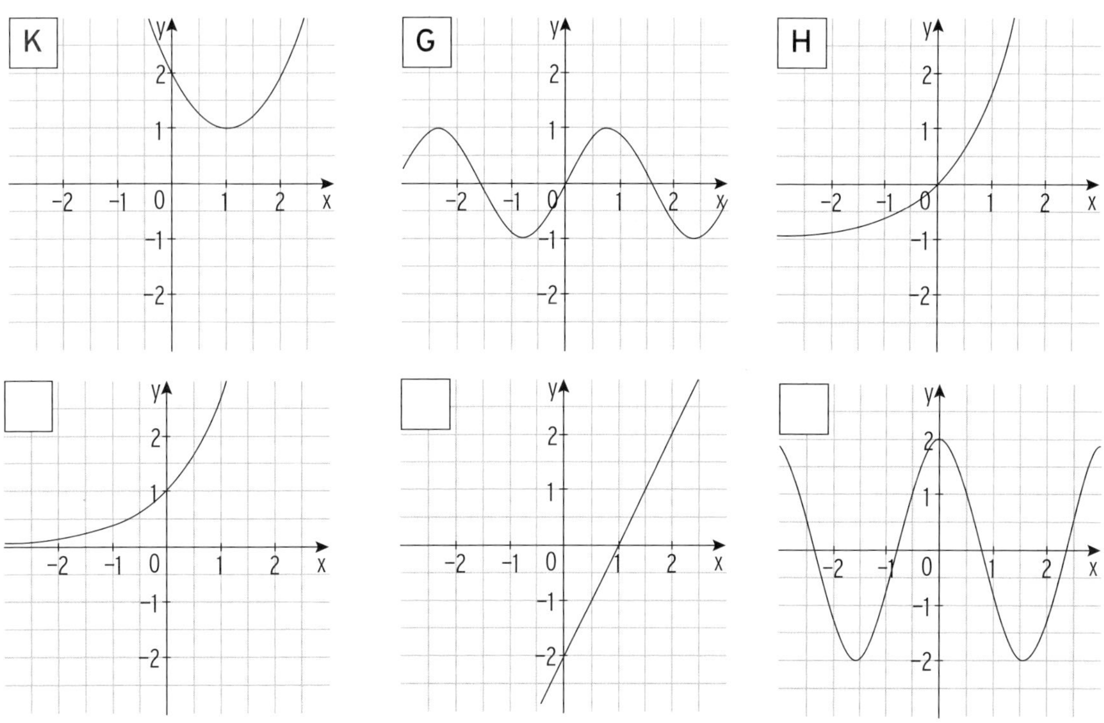

Begründung: ______________________________

4 Bohner, Ott, Rosner, Deusch - ISBN 978-3-8120-2303-0

4 Extrem-und Wendepunkte

Monotonie

1. Bestimmen Sie die Monotoniebereiche des Graphen von f mit Hilfe der Abbildung.

Abb. 1

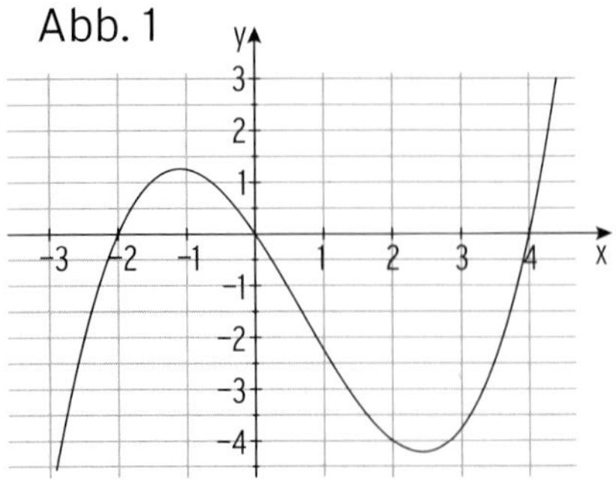

Abb. 2

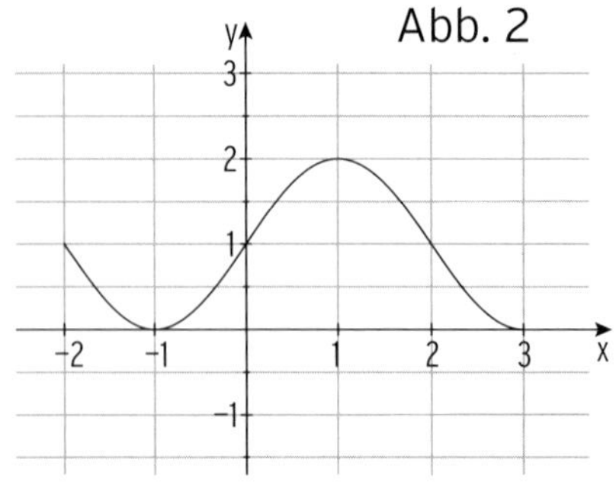

Abb. 3

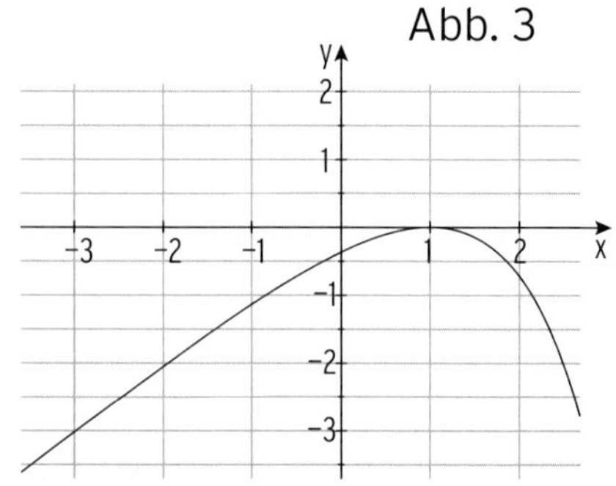

Abb. 1: ____________________ Abb. 2: ____________________ Abb. 3: ____________________

2. Zeigen Sie, f mit $f(x) = x^2 - 2x$, ist auf [1; 5] monoton wachsend.

Ableitung: ____

3. Zeigen Sie, f mit $f(x) = -x^3 + 2x^2 - 3$ ist für $x < 0$ monoton fallend.

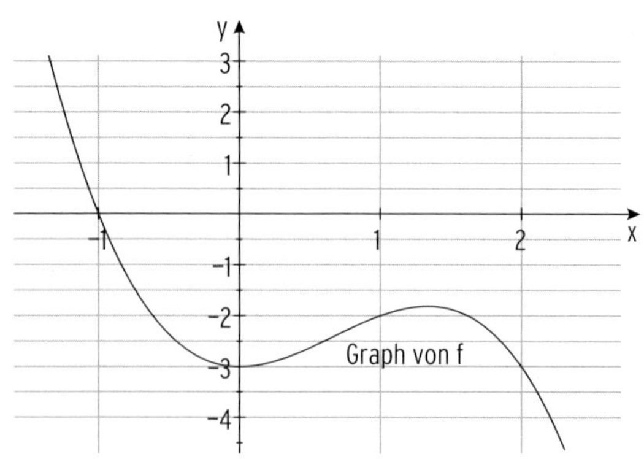

Ableitung: ____

4. Zeigen Sie, f mit $f(x) = \frac{1}{4}e^{-2x} + 1$, ist auf $\mathbb{R}$ monoton fallend.

Ableitung: ____

Extrempunkte

5. Gegeben ist die Funktion f. Das Schaubildvon f heißt K. Berechnen Sie die Koordinaten der Hoch- und Tiefpunkte von K.

$f(x) = 2x^2 - 2x^3 + 1;$ $x \in \mathbb{R}$ 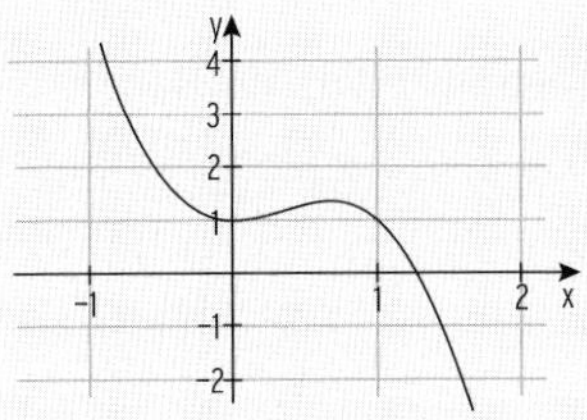	$f'(x) = 4x - 6x^2$; $f''(x) = 4 - 12x$ Notwendige Bedingung: $f'(x) = 0$ $\quad 4x - 6x^2 = 0$ Ausklammern: $\quad x(4 - 6x) = 0$ Satz vom Nullprodukt: $\quad x = 0 \vee 4 - 6x = 0$ Stellen mit waagrechter Tangente: $\quad x = 0 \vee x = \frac{2}{3}$ Mit $f''(0) = 4 > 0$ und $f(0) = 1$: $\quad T(0 \mid 1)$ Mit $f''(\frac{2}{3}) = -4 < 0$ und $f(\frac{2}{3}) = \frac{35}{27}$: $\quad H(\frac{2}{3} \mid \frac{35}{27})$
$f(x) = \frac{x^4}{4} - x^2;\ x \in \mathbb{R}$ 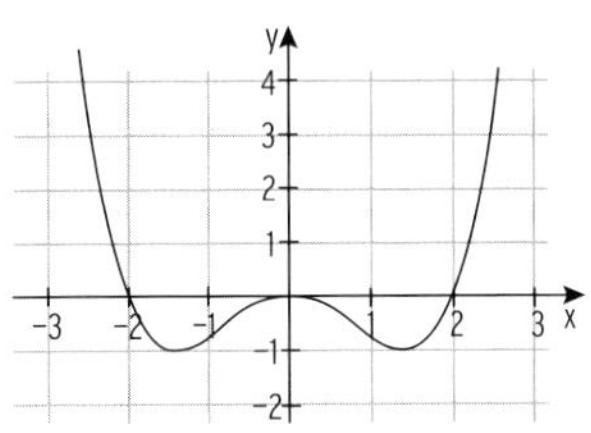	
$f(x) = x - 2e^{0{,}25x};\ x \in \mathbb{R}$ 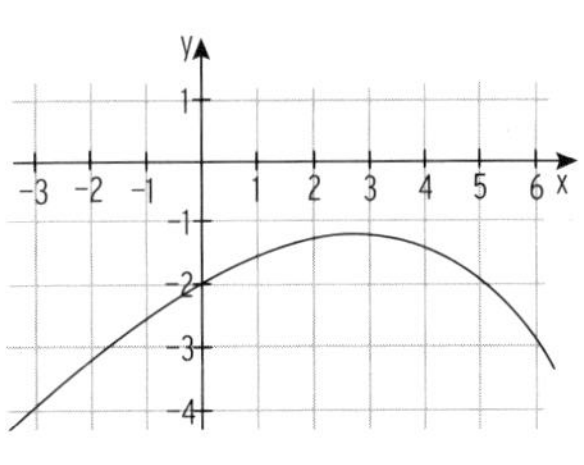	
$f(x) = \sin(2x) + 1;$ $x \in [0;\ \pi]$ 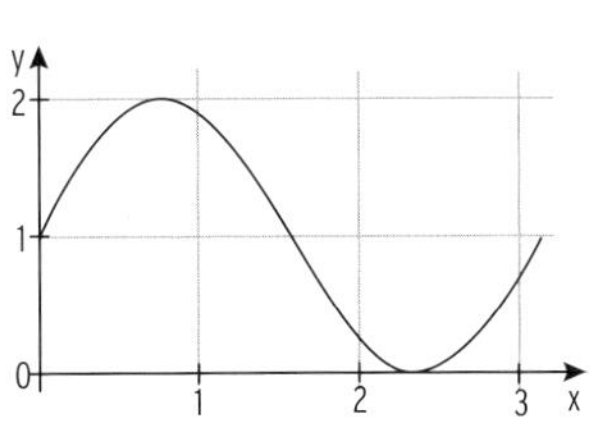	

Krümmung

6. Bestimmen Sie die Krümmungsbereiche des Graphen von f mit Hilfe der Abbildung.

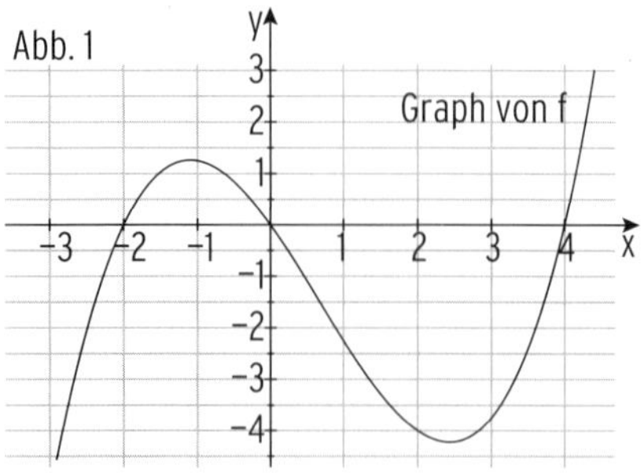

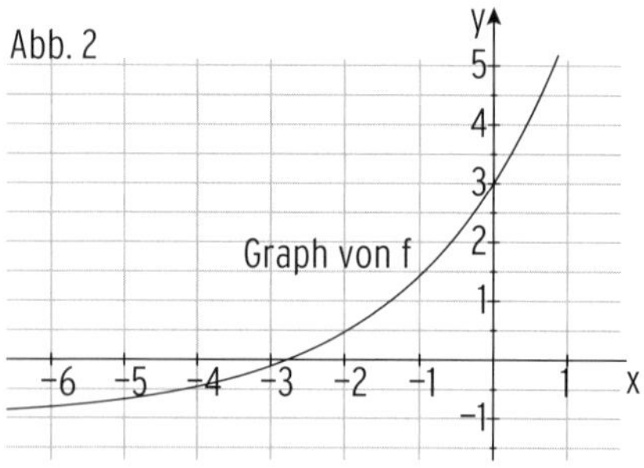

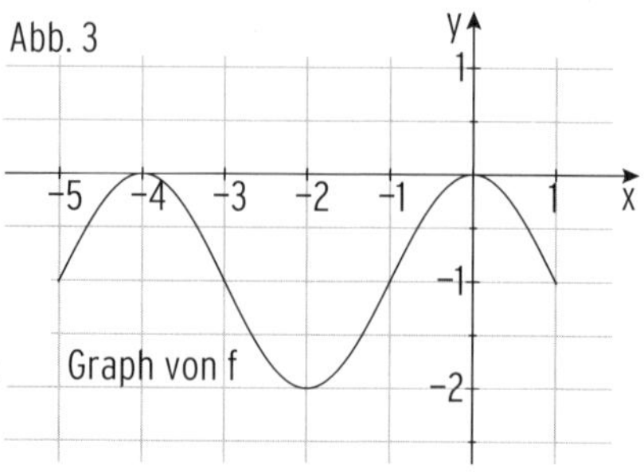

Abb. 1: ______________ Abb. 2: ______________ Abb. 3: ______________

7. Gegeben ist die Funktion f mit $f(x) = x^3 - 2x^2 - 3x$; $x \in \mathbb{R}$. Untersuchen Sie das Schaubild von f auf Krümmung.

Ableitungen:

8. Zeigen Sie, das Schaubild von f mit $f(x) = \frac{1}{4}(x^4 - 8x^2 - 1)$; $x \in \mathbb{R}$, ist für $x \in [-1; 1]$ rechtsgekrümmt.

Ableitungen:

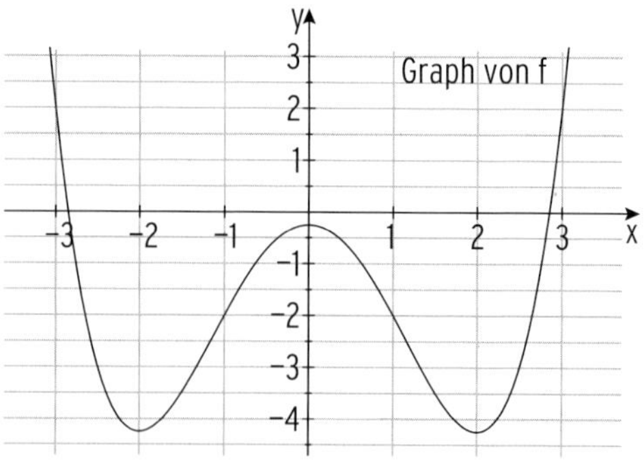

9. Zeigen Sie, das Schaubild von f mit $f(x) = \frac{1}{2}e^{-x} + x$; $x \in \mathbb{R}$, ist linksgekrümmt auf $\mathbb{R}$.

Ableitungen:

Wendepunkte

10. Gegeben ist die Funktion f mit Schaubild K. Berechnen Sie die Koordinaten der Wendepunkte von K.

$f(x) = x^4 - 2x^3 + 1$; $x \in \mathbb{R}$ 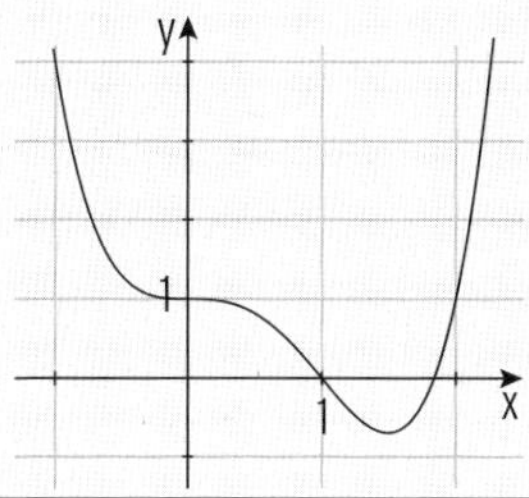	$f'(x) = 4x^3 - 6x^2$; $f''(x) = 12x^2 - 12x$; $f'''(x) = 24x - 12$ Notwendige Bedingung: $f''(x) = 0$ $12x^2 - 12x = 0$ Ausklammern, Satz vom Nullprodukt: $x = 0 \vee 12x - 12 = 0$ Mögliche Wendesstellen: $x = 0 \vee x = 1$ Mit $f'''(0) = -12 \neq 0$ und $f(0) = 1$: $W_1(0 \mid 1)$ Mit $f'''(1) = 12 \neq 0$ und $f(1) = 0$: $W_2(1 \mid 0)$
$f(x) = -x^3 + 2x + 4$; $x \in \mathbb{R}$ 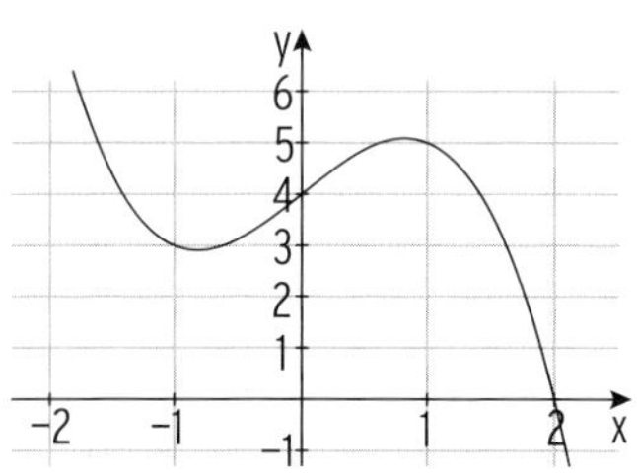	
$f(x) = \frac{1}{8}x^3 - \frac{3}{4}x^2 + 4$; $x \in \mathbb{R}$ 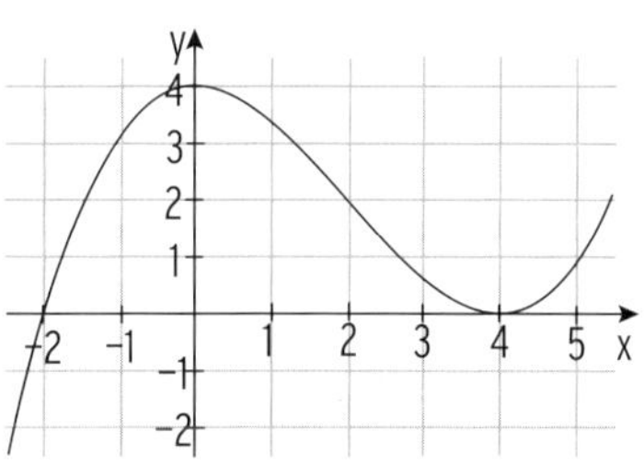	
$f(x) = 2\cos(\frac{\pi}{2}x) + 1$; $x \in [0; 4]$ 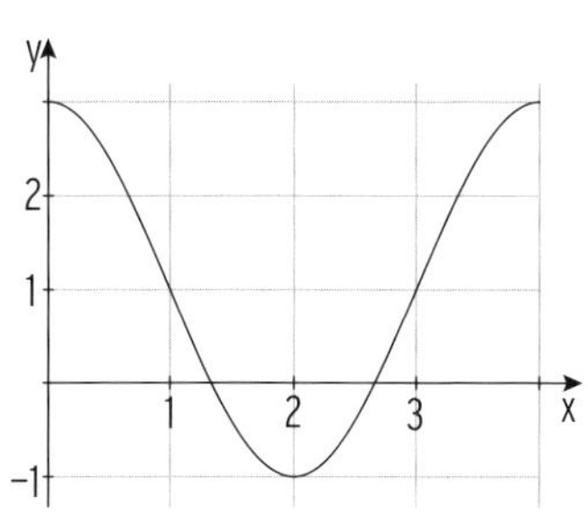	

11. Die Abbildung zeigt das Schaubild der 1. Ableitungsfunktion einer Funktion f. Begründen Sie mithilfe der Zeichnung, dass das Schaubild von f einen Hoch-, einen Tief- und einen Wendepunkt mit positiver Steigung besitzt.

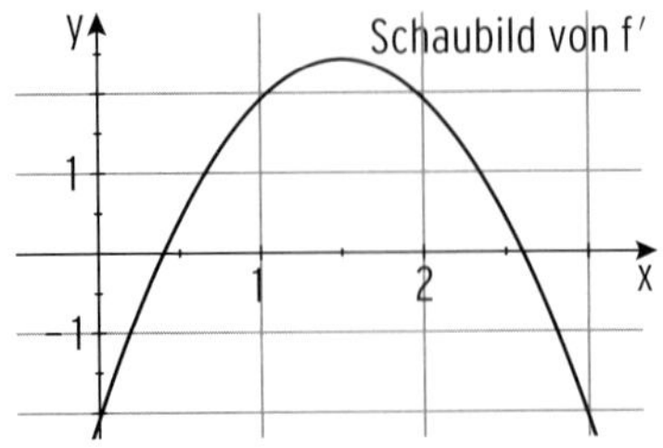

Lösung:

12. Gegeben ist die Funktion f mit Schaubild K. Zeigen Sie, W ist Wendepunkt von K. Berechnen Sie die Gleichung der Wendetangente an K in W.

$f(x) = \frac{1}{3}x^3 - x^2 + 2x$; $x \in \mathbb{R}$ $W(1 \mid \frac{4}{3})$	$f'(x) = x^2 - 2x + 2$; $f''(x) = 2x - 2$; $f'''(x) = 2$ W ist Wendepunkt: $f(1) = \frac{1}{3} - 1 + 2 = \frac{4}{3}$; $f''(1) = 0$; $f'''(1) \neq 0$ Tangentengleichung mit $f'(1) = 1$: $y = x + b$ $W(1 \mid \frac{4}{3})$: $\frac{4}{3} = 1 + b \Rightarrow b = \frac{1}{3}$ Tangentengleichung: $y = x + \frac{1}{3}$
$f(x) = -\frac{1}{4}(x^3 - 6x^2)$; $x \in \mathbb{R}$ $W(2 \mid -4)$	
$f(x) = 1 + 2\cos(x)$; $x \in \mathbb{R}$ $W(\frac{\pi}{2} \mid 1)$	

13. Gegeben ist das Schaubild K der Funktion f mit $x \in [-1; 4]$. Tragen Sie die wichtigen Punkte ein und lesen Sie die Koordinaten ab. Bestimmen Sie mithilfe der Abbildung die Bereiche, in denen K von f steigend ist bzw. in denen K von f rechtsgekrümmt ist.

a)

Wichtige Punkte: ____________________

____

steigend für ____________________

rechtsgekrümmt für ____________________

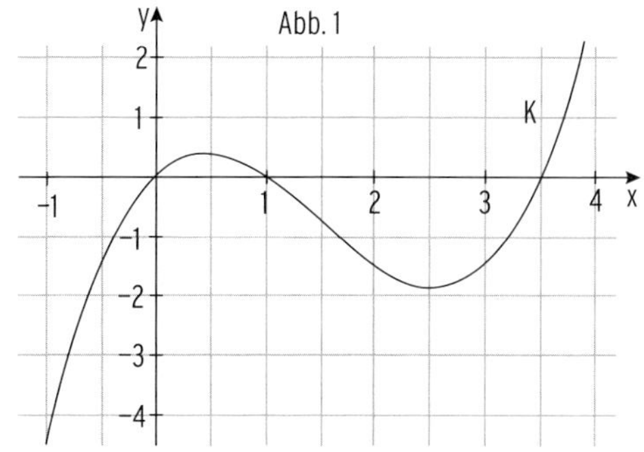

b)

Wichtige Punkte: ____________________

____

steigend für ____________________

rechtsgekrümmt für ____________________

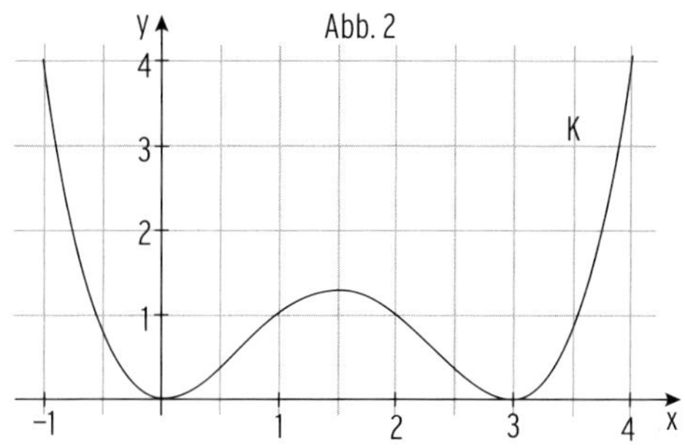

c)

Wichtige Punkte: ____________________

____

steigend für ____________________

rechtsgekrümmt für ____________________

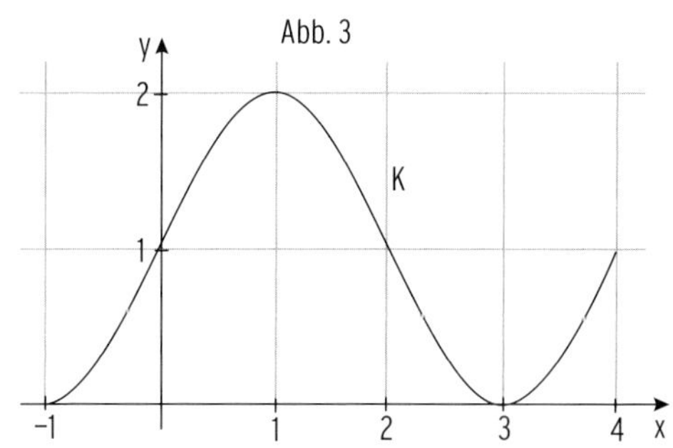

d)

Wichtige Punkte: ____________________

____

steigend für ____________________

rechtsgekrümmt für ____________________

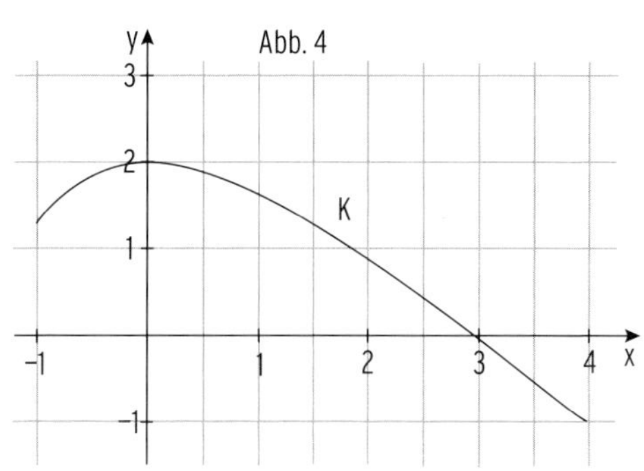

14. Gegeben ist das Schaubild der Ableitungsfunktion f′ für $1{,}4 \leq x \leq 3{,}2$.
Die nachfolgenden Aussagen sind entweder wahr oder falsch. Entscheiden Sie.
Begründen Sie Ihre Entscheidung.

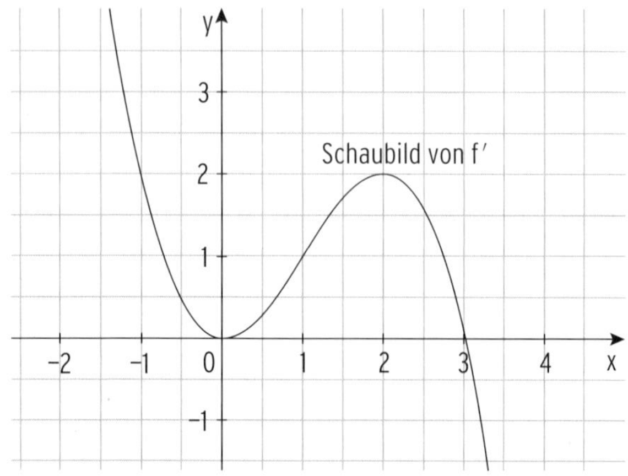

Das Schaubild von f hat genau drei Extrempunkte.	☐ (w) ☐ (f)	
Das Schaubild von f hat genau drei Wendepunkte.	☐ (w) ☐ (f)	
Das Schaubild von f hat einen Sattelpunkt auf der y-Achse.	☐ (w) ☐ (f)	
$f'(x) < 2$	☐ (w) ☐ (f)	
$f'(2{,}5) > 0$	☐ (w) ☐ (f)	
$f''(3) > 0$	☐ (w) ☐ (f)	
Das Schaubild von f ist symmetrisch zur y-Achse.	☐ (w) ☐ (f)	
Das Schaubild von f ist bei $x = -1$ steigend.	☐ (w) ☐ (f)	
$f(2) > f(0)$	☐ (w) ☐ (f)	

15. Gegeben ist das Schaubild der Funktion f für $x \in [-4; 2]$.
Die nachfolgenden Aussagen sind entweder wahr oder falsch. Entscheiden Sie. Begründen Sie Ihre Entscheidung.

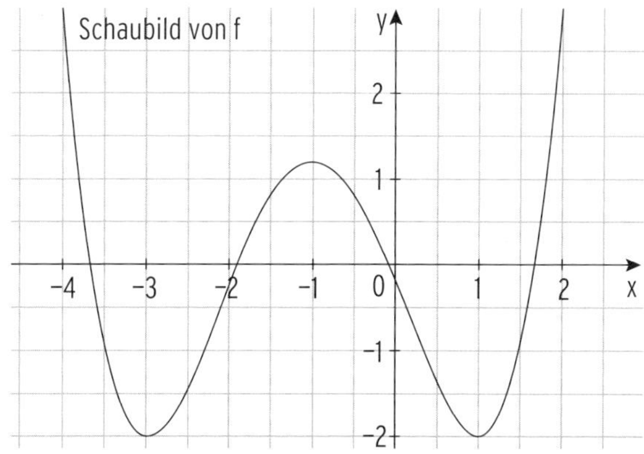

f' besitzt genau drei Nullstellen.	☐ (w) ☐ (f)	
Das Schaubild von f hat genau einen Wendepunkt.	☐ (w) ☐ (f)	
f' hat eine doppelte Nullstelle.	☐ (w) ☐ (f)	
Das Schaubild von f' verläuft bei $x = -0{,}5$ oberhalb der x-Achse.	☐ (w) ☐ (f)	
$f'(-1{,}5) > 0$	☐ (w) ☐ (f)	
$f''(-1{,}5) > 0$	☐ (w) ☐ (f)	
Das Schaubild von f' ist symmetrisch zum Ursprung.	☐ (w) ☐ (f)	
$f''(-1{,}5) < f''(1)$	☐ (w) ☐ (f)	
Die Tangente an das Schaubild von f an der Stelle $x = -2$ hat die Steigung 1.	☐ (w) ☐ (f)	

5 Bohner, Ott, Rosner, Deusch - ISBN 978-3-8120-2303-0

16. Vervollständigen Sie folgende Aussagen.

a) Eine Polynomfunktion 4. Grades hat höchstens ______ Extremstellen, denn ihre Ableitung ist vom Grad______ .

b) Die Funktion f mit $f(x) = e^x + x$; $x \in \mathbb{R}$, ist monoton ___________ , denn ihre Ableitung ist stets _____________.

c) Die Funktion g mit $g(x) = \sin(\frac{\pi}{2}x)$; $x \in \mathbb{R}$, hat im Intervall [0; 12] ______ Nullstellen, und diese Funktion hat die Periode _______.

d) Das Schaubild der Funktion h mit $h(x) = 2\cos(\frac{\pi}{3}x)$; $x \in \mathbb{R}$, entsteht aus dem Schaubild der Funktion f mit $f(x) = \cos(x)$; $x \in \mathbb{R}$, durch Streckung mit dem Faktor ______ in ______ -Richtung und durch Streckung mit dem Faktor ______ in ______-Richtung.

5 *Aufstellen von Funktionstermen*

1. Formulieren Sie Bedingungen mithilfe des Textes. Das Schaubild von f ...

hat den Hochpunkt H(2 | 3).	$f(2) = 3$ und $f'(2) = 0$
hat den Wendepunkt W(− 1 | 6).	
hat den Tiefpunkt T(− 2 | 1).	
berührt die x-Achse an der Stelle $x = 5$.	
hat an der Stelle $x = 1$ die Steigung − 4.	
hat einen Extrempunkt an der Stelle $x = \sqrt{2}$.	
hat an der Stelle $x = 0$ die Tangente mit der Gleichung $y = 3x - 4$	
verläuft an der Stelle $x = -4$ parallel zur 1. Winkelhalbierenden.	
hat an den Stellen $x = 1$ und $x = 3$ dieselbe Steigung.	
ist an der Stelle $x = 1$ rechtsgekrümmt.	

2. Das Schaubild der Funktion p mit $p(x) = ax^4 + cx^2 - \frac{7}{4}$ hat den Tiefpunkt T(2 | − 3).

Berechnen Sie die Werte von a und c und geben Sie den Funktionsterm an.

Ableitung:

Bedingungen:

Lineares Gleichungssystem:

Lösung des linearen Gleichungssystems:

Funktionsterm:

3. Kreuzen Sie die zutreffende Bedingung an.

P(2 | − 3) liegt auf dem Graph K von f.	☐ $f'(2) = -3$	☐ $f(2) = -3$
K hat einen Wendepunkt W(− 4 | 1).	☐ $f'(-4) = 1$	☐ $f''(-4) = 0$
K hat einen Hochpunkt in x = 5.	☐ $f'(5) = 0$	☐ $f''(5) = 1$
K hat an der Stelle x = 1 die Steigung 1.	☐ $f'(1) = 0$	☐ $f'(1) = 1$
K ist an der Stelle x = 1 linksgekrümmt.	☐ $f''(1) = 0$	☐ $f''(1) > 0$
In x = − 2 wechselt f das Monotonieverhalten.	☐ $f(-2) = 5$	☐ $f'(-2) = 0$
In x = 1 ist K steigend.	☐ $f'(1) > 0$	☐ $f'(1) = -2$

4. Formulieren Sie zum folgenden Aufschrieb eine geeignete Aufgabenstellung.

$f(x) = ax^3 + bx^2 + cx + d$

$f(x) = ax^3 + cx;\quad f'(x) = 3ax^2 + c$

$f(2) = -3 \qquad 8a + 2c = -3$

$f'(2) = 0 \qquad 12a + c = 0$

Aufgabenstellung:

____

____

____

5. Das Schaubild einer Funktion f mit $f(x) = ae^{bx} + c$; $x \in \mathbb{R}$, hat die waagrechte Asymptote mit der Gleichung $y = 3$. Der Graph von f schneidet die y-Achse in S(0 | 1) mit Steigung 2.

   Ableitung:

   Bedingungen: Gleichungssystem:

   Lösung des Gleichungssystems:

   Funktionsterm:

6. Eine Funktion f hat folgende Eigenschaften:

   (1) $f(2) = 1$

   (2) $f'(2) = 0$ und $f''(2) > 0$

   (3) $f''(4) = 0$ und $f'''(4) \neq 0$

   Beschreiben Sie für jede dieser drei Eigenschaften, welche Bedeutung sie für den Graphen von f hat. Skizzieren Sie einen möglichen Verlauf des Graphen.

   Lösung:

   (1) ____________________

   (2) ____________________

   (3) ____________________

   Skizze:

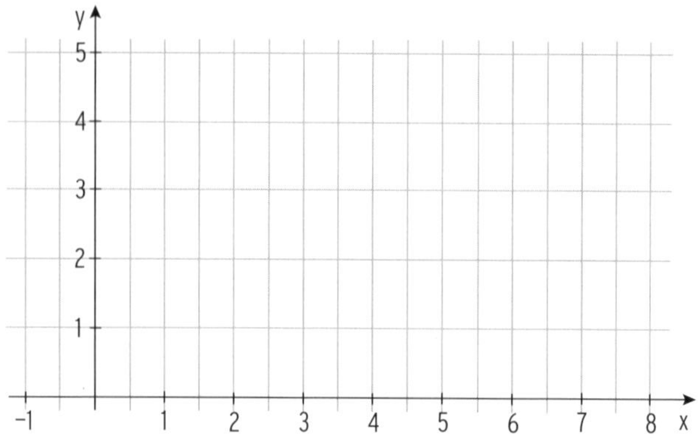

7. Bestimmen Sie den Funktionsterm mithilfe der Abbildung.

a)

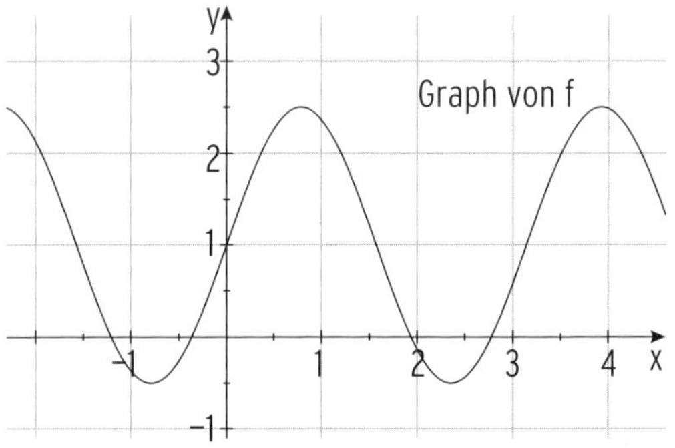

Ansatz: f(x) = asin(kx) + b

Amplitude: ____________________

Periode: ____________________

____

Mittellinie: ____________________

Funktionsterm: ____________________

b)

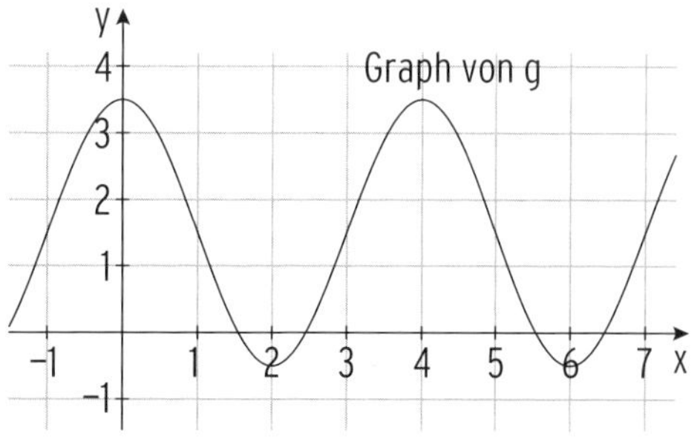

Ansatz: g(x) = acos(kx) + b

Amplitude: ____________________

Periode: ____________________

____

Mittellinie: ____________________

Funktionsterm: ____________________

8. Die unten stehende Wertetabelle gehört zu einer ganzrationalen Funktion g.

x	− 2	− 1	0	1	2	3	4
g(x)	− 4	0	− 2	− 4	0	16	50
g′(x)	9	0	− 3	0	9	24	45
g″(x)	− 12	− 6	0	3	6	18	24

Das zugehörige Schaubild K besitzt ______

die gemeinsamen Punkte mit der x-Achse:

____

den Schnittpunkt mit der y-Achse: __________

den Hochpunkt: __________

den Tiefpunkt: __________

den Wendepunkt: __________

Die Funktion muss mindestens den Grad ____

haben, da ______________________________ .

Skizze des zugehörigen Schaubilds:

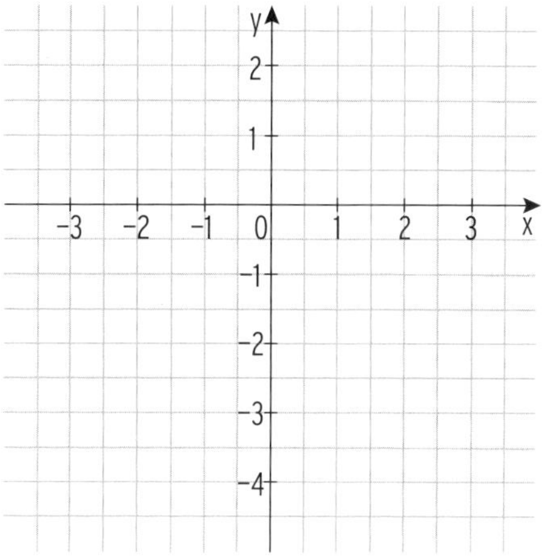

6 Modellierung - Extremwertaufgaben

1. Aus einem Werkstück soll ein Rechteck heraus gefräst werden. Die Berandung des Werkstücks wird beschrieben durch die Funktion f mit $f(x) = -0{,}5x^2 + 2;\ -2 \leq x \leq 2$ (siehe Abbildung).

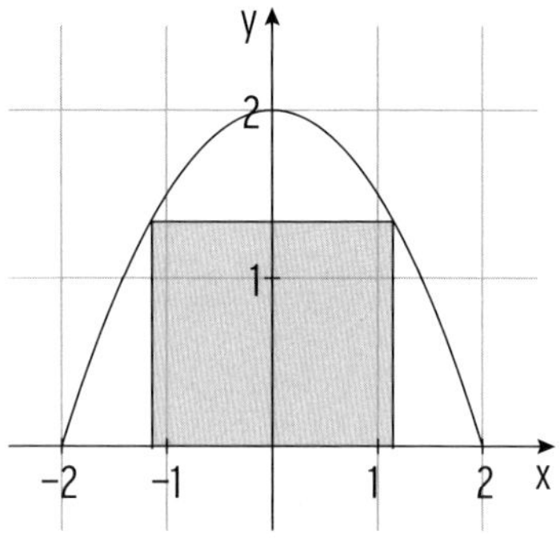

Zwei Ecken liegen jeweils auf der x-Achse und auf dem Schaubild K von f.
Welches Rechteck hat den größtmöglichen Flächeninhalt?

Lösung

Wir wählen den Eckpunkt $P(a \mid -0{,}5a^2 + 2)$ auf K für $0 \leq a \leq 2$.

Zielfunktion: $A(a) = 2a \cdot f(a) = 2a \cdot (-0{,}5a^2 + 2)$

$A(a) = -a^3 + 4a;\ D = [0; 2]$

Untersuchung von A auf ein Maximum

Ableitungen: $A'(a) = -3a^2 + 4$

$A''(a) = -6a$

Notwendige Bedingung: $A'(a) = 0$ $\quad -3a^2 + 4 = 0$

$a^2 = \frac{4}{3}$

Mit $a > 0$: $a = 1{,}15$

Nachweis: $A''(1{,}15) < 0$

A hat ein relatives Maximum für $a = 1{,}15$.

Relatives Maximum: $A_{max} = A(1{,}15) = 3{,}08$

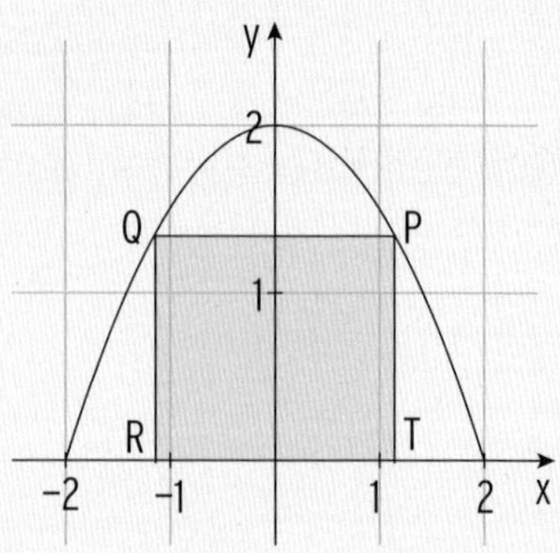

Randwerte

Für die Randstellen

$a = 0$ und $a = 2$ gilt: $A(0) = 0 < A(1{,}15)$

$A(2) = 0 < A(1{,}15)$

Ergebnis:

Das Rechteck mit den Punkten $P(1{,}15 \mid 1{,}34)$, $Q(-1{,}15 \mid 1{,}34)$, $R(-1{,}15 \mid 0)$ und $T(1{,}15 \mid 0)$ hat den größten Flächeninhalt .

2. Ein Geländeverlauf wird beschrieben durch die Funktion f mit
$f(x) = \frac{1}{16}x^3 - \frac{1}{2}x^2 + x;\ 0 \leq x \leq 8$ (siehe Abbildung).

Ein Seil soll vom Ursprung zum Punkt P(8 I 8) gespannt werden.
Bestimmen Sie den größtmöglichen senkrechten Abstand des Seils zum Gelände.

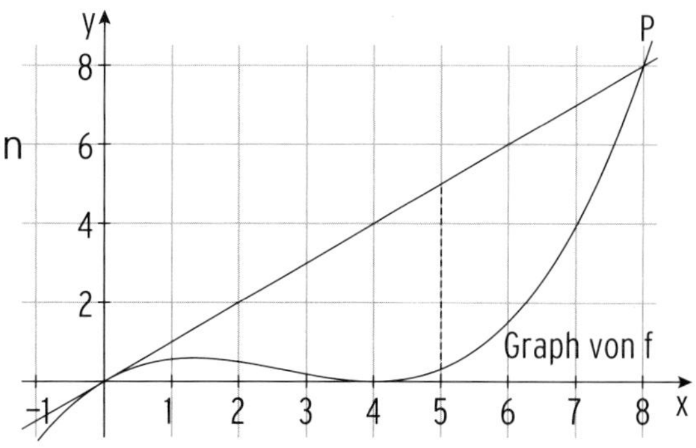

Lösung

Wir wählen ______________________________

Zielfunktion mit Definitionsbereich: ______________________________

____

Untersuchung der Zielfunktion auf ein Maximum

Ableitungen: ______________________________

Notwendige Bedingung: ______________________________

____

Nachweis: ______________________________

_______ hat ein relatives Maximum für _____________.

Relatives Maximum: ______________________________

Randwerte

Für die Randstellen _____________ gilt: ______________________________

Ergebnis: ______________________________

____

IV Integralrechnung

1 Aufleiten und Stammfunktion

1 Ein Mitschüler versteht nicht, weshalb eine Funktion mehrere Stammfunktionen besitzt.

a) Erklären Sie anhand der Ableitungsregeln.

b) Erklären Sie graphisch, anhand von Schaubildern.

Skizzieren Sie hierfür die Schaubilder von

F_1 mit $F_1(x) = \frac{1}{2}x^2$

F_2 mit $F_2(x) = \frac{1}{2}x^2 + 2$

F_3 mit $F_3(x) = \frac{1}{2}x^2 - 1$

f mit $f(x) = x$

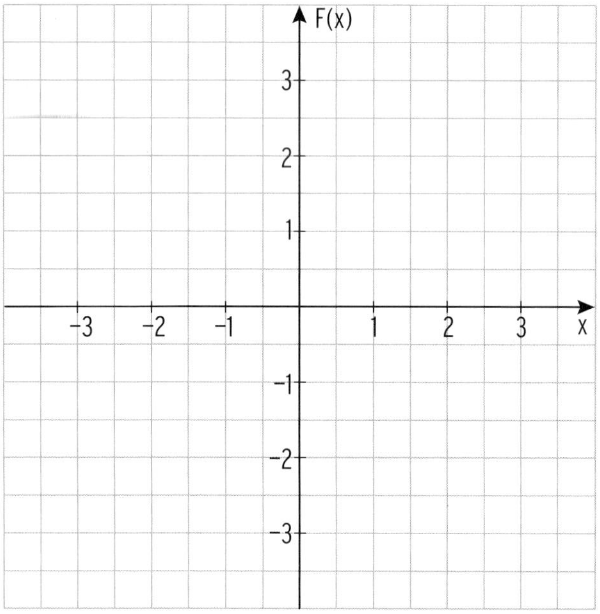

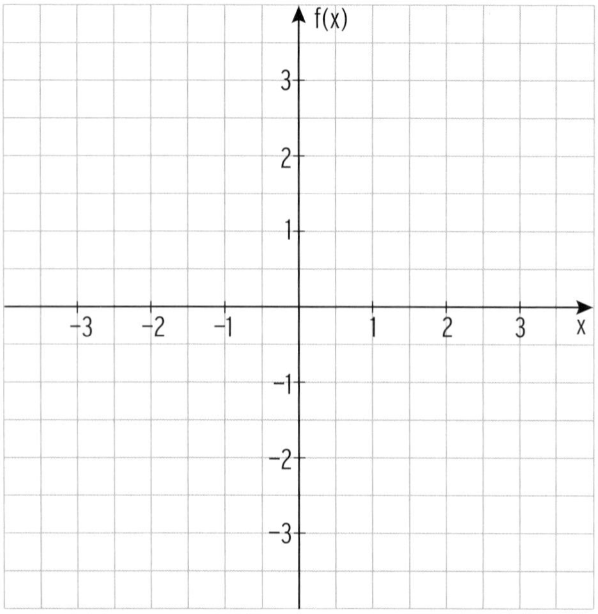

2. Bilden Sie eine Stammfunktion.

$f(x) = 2\cos(3x) + 1$	$F(x) = \frac{2}{3}\sin(3x) + x + c$
$f(x) = -3\sin(\frac{x}{2}) - x$	$F(x) =$
$f(x) = \frac{1}{4}x^3 + x^4 + 3$	$F(x) =$
$f(x) = \frac{1}{32}x^3 + x^2 + x - 4$	$F(x) =$
$f(x) = 5e^{2x} + 2x - 1$	$F(x) =$
$f(x) = ae^{-3x} + b$	$F(x) =$
$f(x) = \frac{3}{5}(x^3 - 2x^4)$	$F(x) =$
$f(x) = 4x - 1 - 4e^{-2x}$	$F(x) =$

3. Bilden Sie eine Stammfunktion mit F(a) = b.

$f(x) = 4\sin(\pi x)$; $F(1) = 2$	$F(x) = -\frac{4}{\pi}\cos(\pi x) + c$; $F(1) = \frac{4}{\pi} + c = 2 \Rightarrow c = 2 - \frac{4}{\pi}$ $F(x) = -\frac{4}{\pi}\cos(\pi x) + 2 - \frac{4}{\pi}$
$f(x) = -\frac{4}{3}\sin(\frac{x}{2}) - 3$; $F(\pi) = 0$	$F(x) =$ $F(x) =$
$f(x) = -\frac{1}{32}x^3 + x^2 + 3x$; $F(1) = 0$	$F(x) =$ $F(x) =$
$f(x) = \frac{1}{2}(x^2 + 6x - 1)$; $F(-1) = 1$	$F(x) =$ $F(x) =$
$f(x) = 0{,}2e^{2x} + 2{,}25$; $F(0) = 4$	$F(x) =$ $F(x) =$
$f(x) = 2(e^{-4x} + 1)$; $F(0) = -1$	$F(x) =$ $F(x) =$
$f(x) = \frac{4}{5}(x^5 - 2x^4)$; $F(-2) = 3$	$F(x) =$ $F(x) =$
$f(x) = \frac{4x}{3} - e^{-\frac{3}{2}x}$; $F(0) = 6$	$F(x) =$ $F(x) =$

6 Bohner, Ott, Rosner, Deusch - ISBN 978-3-8120-2303-0

4. Entscheiden Sie, ob hier richtig oder falsch aufgeleitet wurde. Beschreiben Sie gegebenenfalls kurz, worin der Fehler besteht.

Funktion f Stammfunktion F	richtig (r) falsch (f)	richtig wäre ...	Was wurde nicht beachtet?
$f(x) = 2x^3 - 4x^2$ $F(x) = 2x^4 - 4x^3$	☐ (r) ☒ (f)	$F(x) = \frac{1}{2}x^4 - \frac{4}{3}x^3$	$g(x) = x^3 \Rightarrow G(x) = \frac{1}{4}x^4$ $h(x) = x^2 \Rightarrow H(x) = \frac{1}{3}x^3$
$f(x) = 1 + x$ $F(x) = \frac{1}{2}x^2 + x + 2$	☐ (r) ☐ (f)	F(x) =	
$f(x) = e^{3x-2}$ $F(x) = \frac{1}{3}e^{\frac{3}{2}x^2}$	☐ (r) ☐ (f)	F(x) =	
$f(x) = 2\sin(2x)$ $F(x) = \cos(2x) + 1$	☐ (r) ☐ (f)	F(x) =	
$f(x) = e^{2x} + 2x$ $F(x) = \frac{1}{2}e^{2x} + x^2$	☐ (r) ☐ (f)	F(x) =	
$f(x) = 2 - \cos(\pi x)$ $F(x) = \sin(\pi x)$	☐ (r) ☐ (f)	F(x) =	
$f(x) = 1 - x^2$ $F(x) =-\frac{1}{3}x^3$	☐ (r) ☐ (f)	F(x) =	
$f(x) = -\frac{5}{2}(x^3 - 3x^2)$ $F(x) =-\frac{5}{2}(\frac{1}{4}x^4 - x^3)$	☐ (r) ☐ (f)	F(x) =	
$f(x) = 2x - 2$ $F(x) = (x-1)^2$	☐ (r) ☐ (f)	F(x) =	
$f(x) = 2x(2x + 5)$ $F(x) = x^2(x^2 + 5x)$	☐ (r) ☐ (f)	F(x) =	

2 Grafisches Aufleiten

1 Skizzieren Sie das Schaubild einer Stammfunktion F von f.

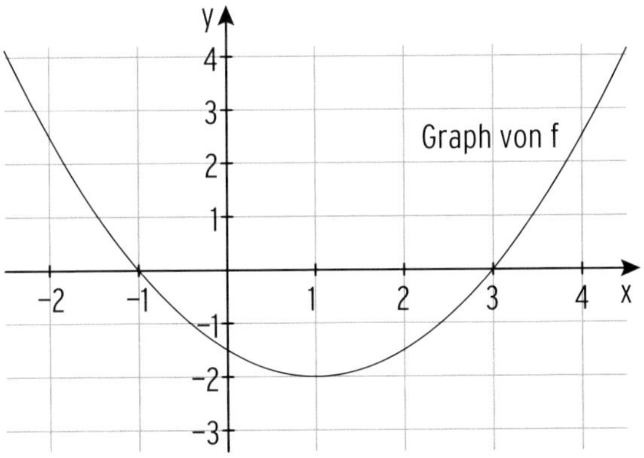

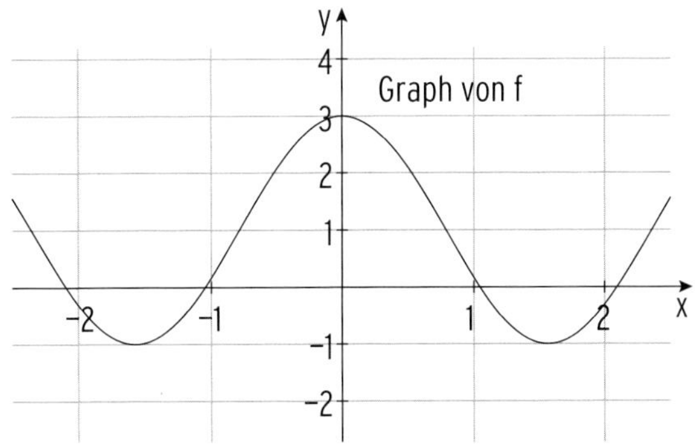

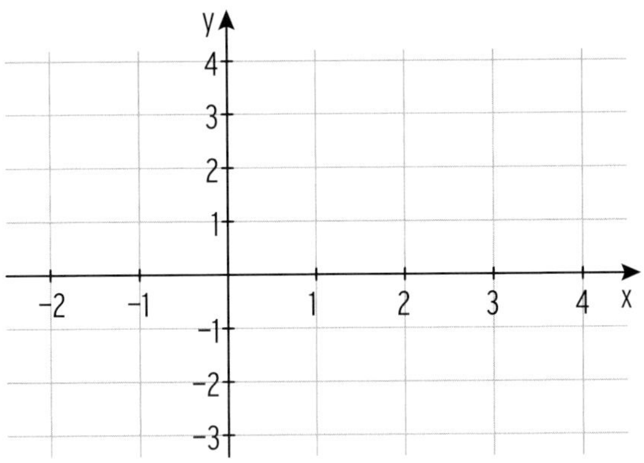

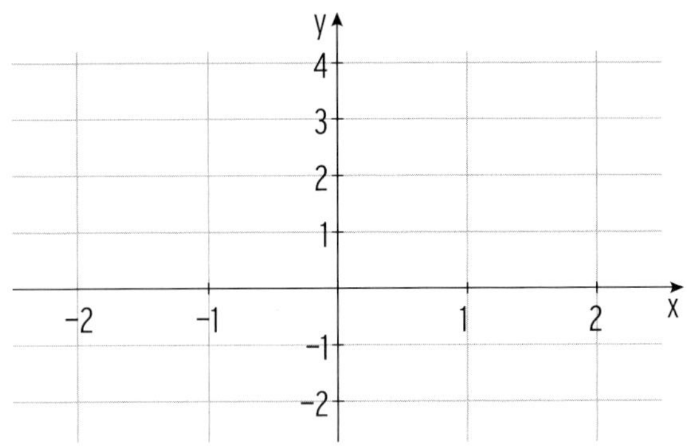

2 Skizzieren Sie das Schaubild einer Stammfunktion F von f

durch den Ursprung.

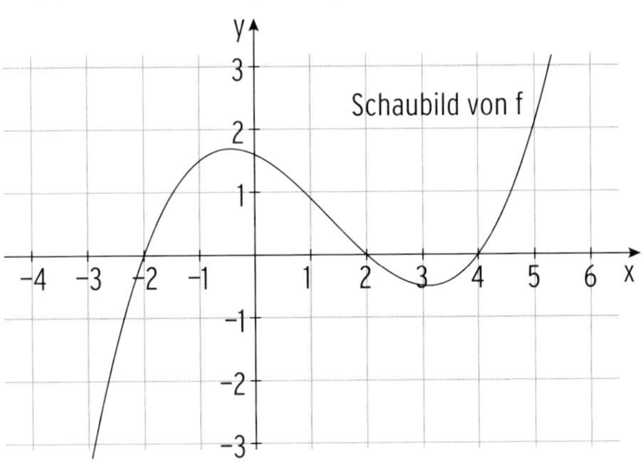

durch P(0 I 1)

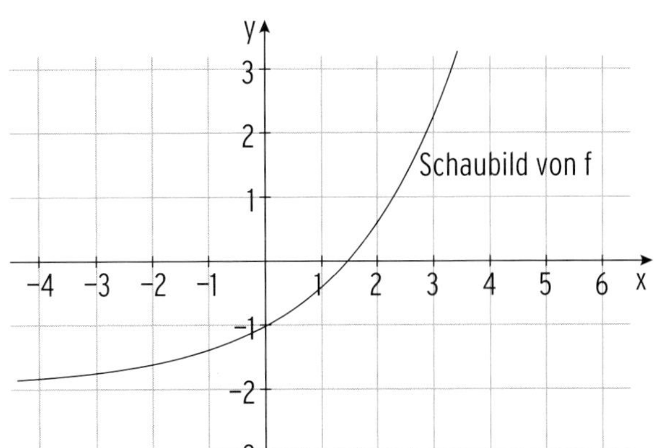

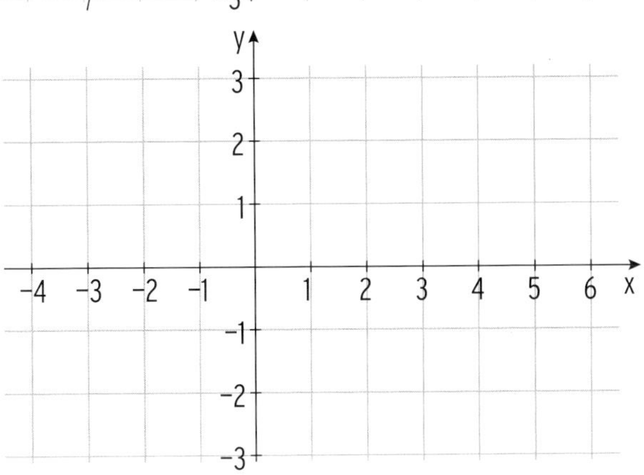

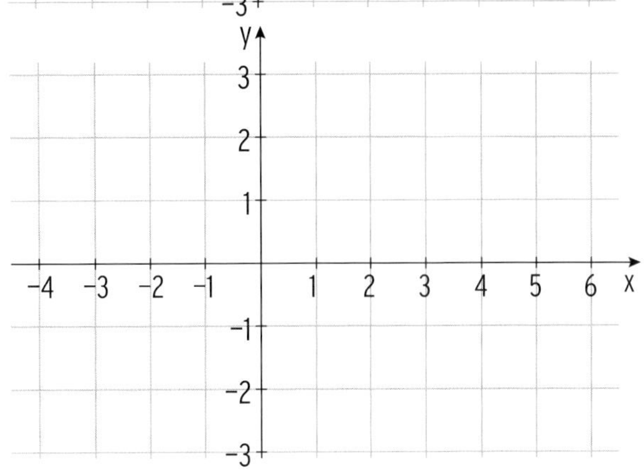

3. Gegeben ist das Schaubild der Funktion f. Zeichnen Sie das Schaubild ihrer Ableitungsfunktion f′ und das Schaubild einer Stammfunktion F von f.

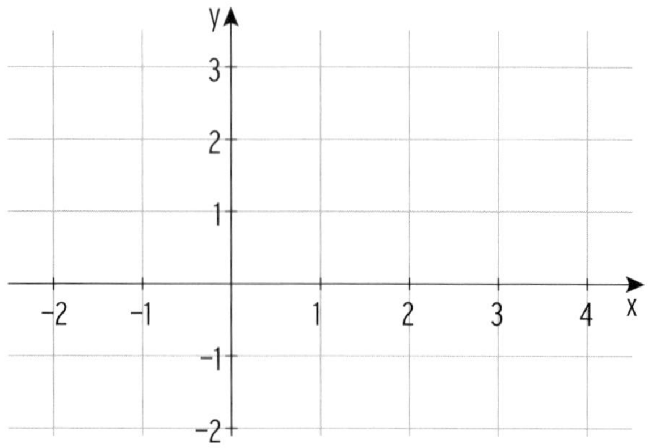

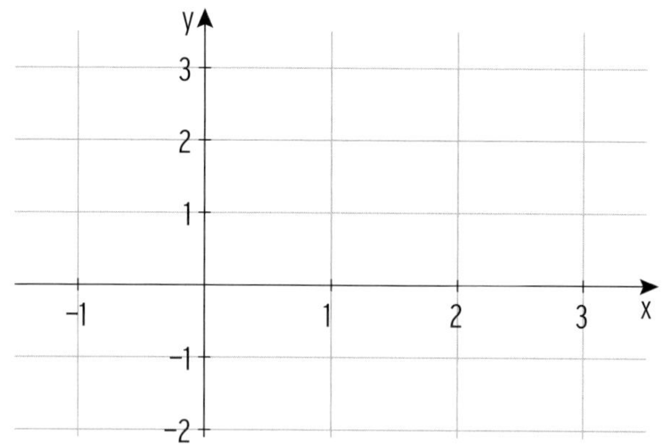

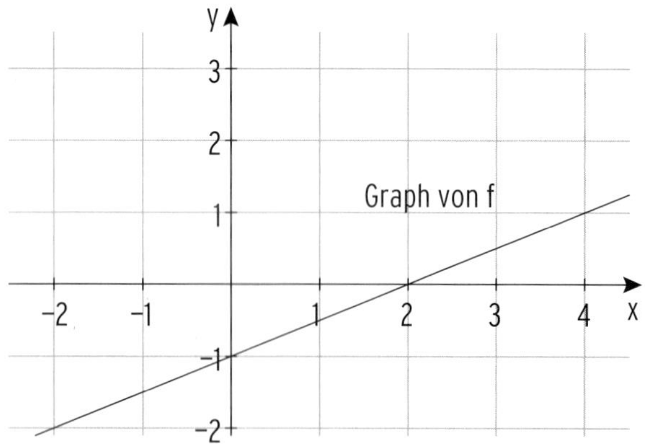

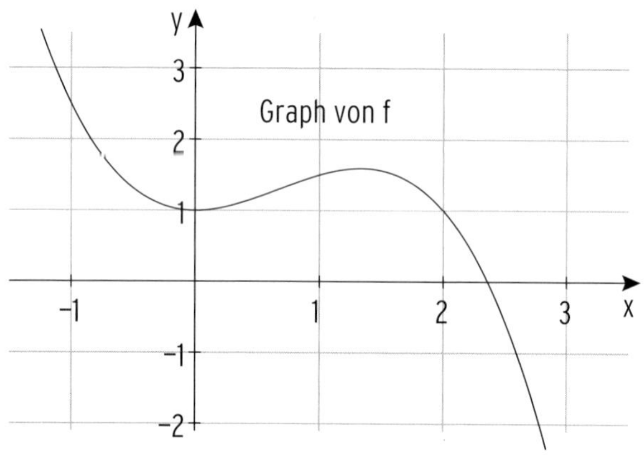

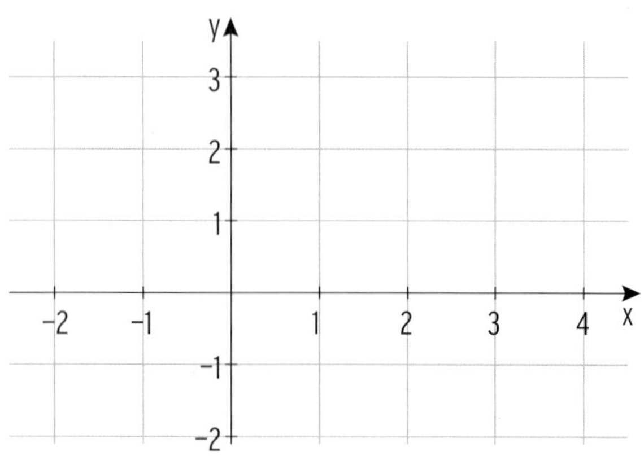

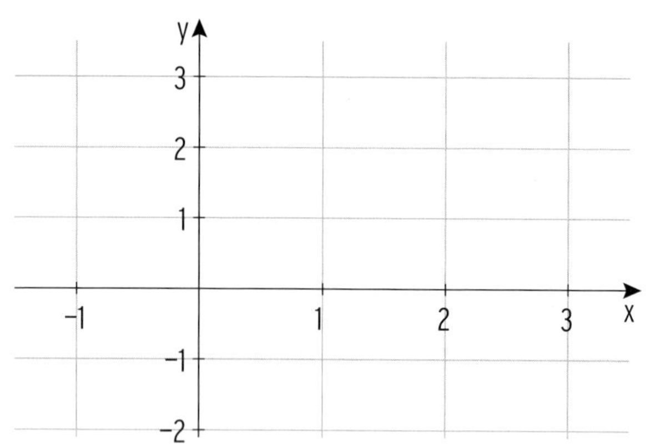

4. Gegeben ist das Schaubild der Funktion f. Skizzieren Sie das Schaubild ihrer Ableitungsfunktion f′ und das Schaubild einer Stammfunktion F von f.

a)

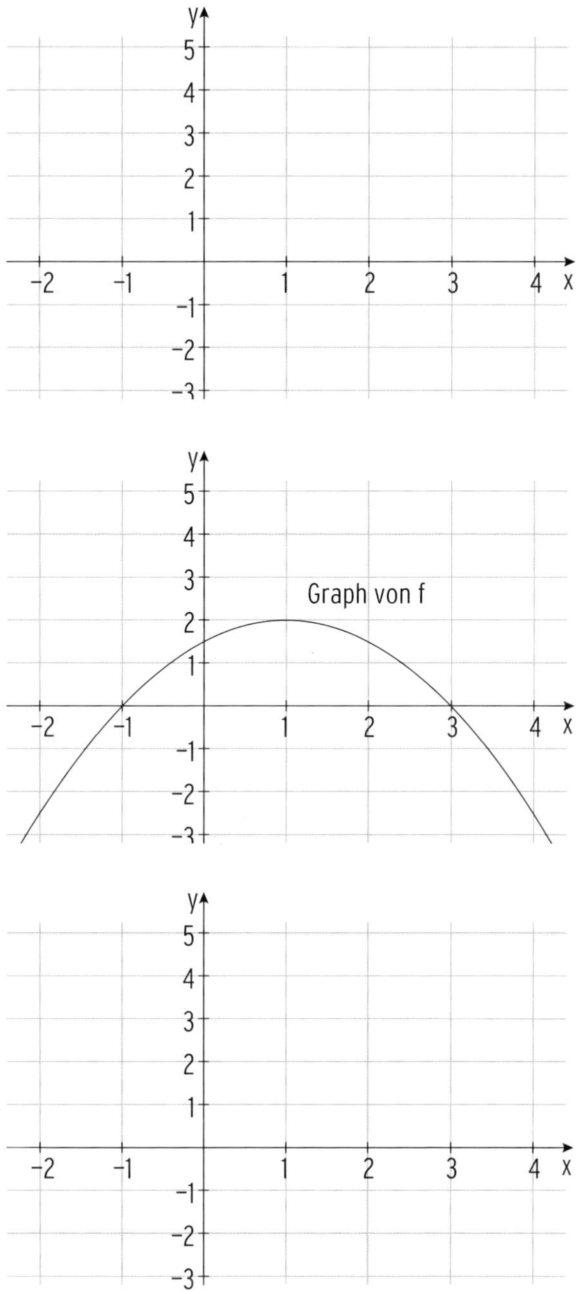

b)

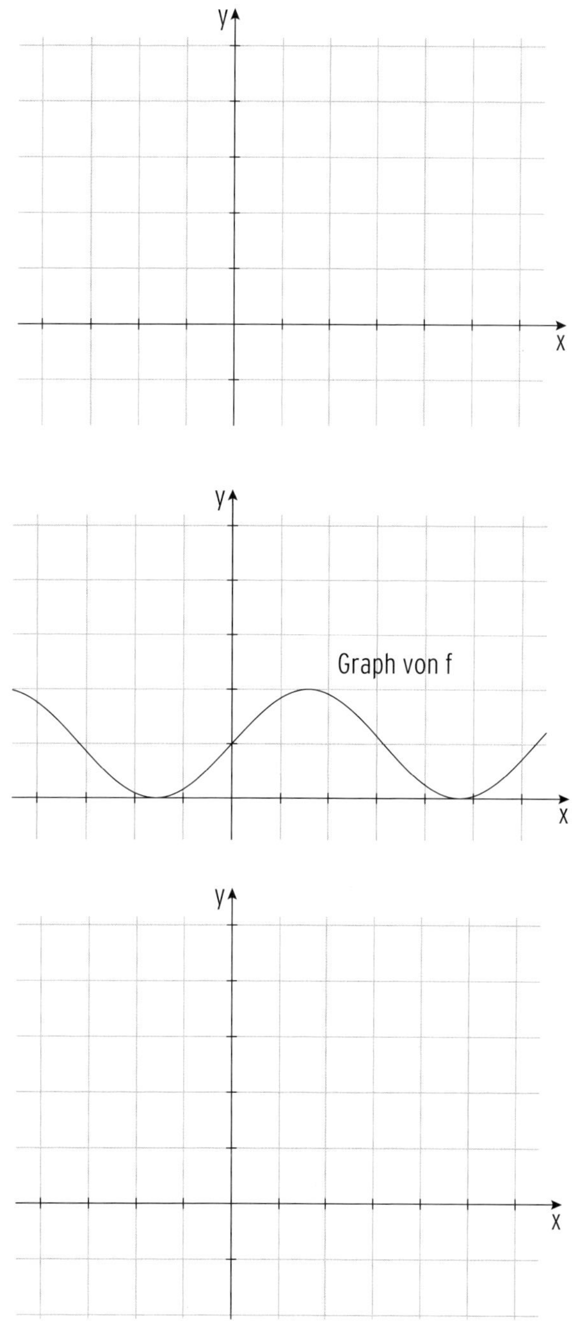

5. Die Abbildung zeigt den Graphen der Ableitungsfunktion h′ einer Funktion h. Entscheiden Sie, ob folgende Aussagen wahr oder falsch sind, und begründen Sie Ihre Entscheidungen.

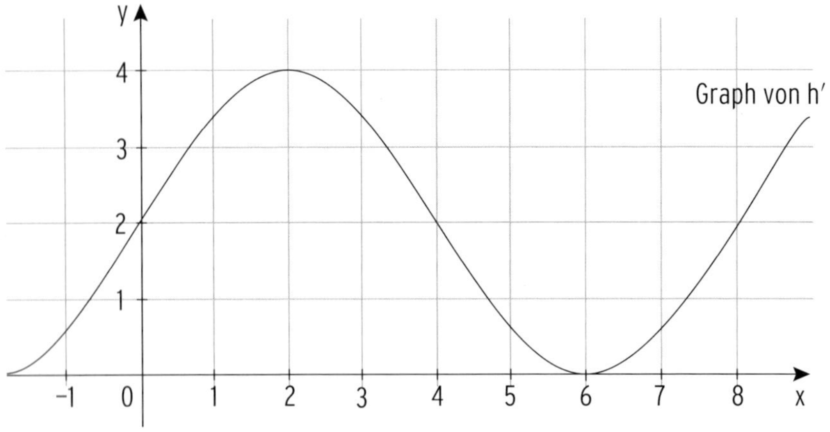

Die Funktion h hat bei x = 6 eine Extremstelle.	☐ (w) ☐ (f)	
Die Tangente an den Graphen von h im Schnittpunkt mit der y-Achse ist parallel zur ersten Winkelhalbierenden.	☐ (w) ☐ (f)	
Der Graph von h ist auf [0; 1,8] linksgekrümmt.	☐ (w) ☐ (f)	
h ist monoton wachsend für $2 < x < 8$	☐ (w) ☐ (f)	
$h(0) > h(5)$	☐ (w) ☐ (f)	
Der Graph von h hat auf [0; 7] zwei Wendepunkte.	☐ (w) ☐ (f)	
Der Graph der Stammfunktion von h ist für alle $x \in [-1; 5]$ linksgekrümmt.	☐ (w) ☐ (f)	

6. Das Schaubild K_h einer Funktion h mit $h(x) = -ax + b - e^{-0,5x}$ mit $x \in \mathbb{R}$ und $a, b > 0$ entspricht einem der folgenden Schaubilder.

Abb. 1

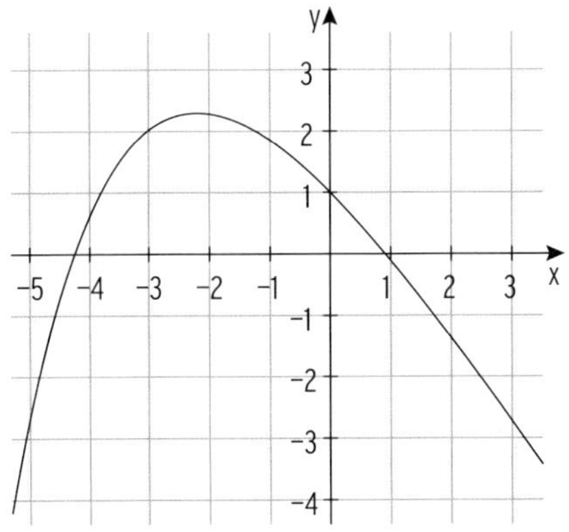

Abb. 2

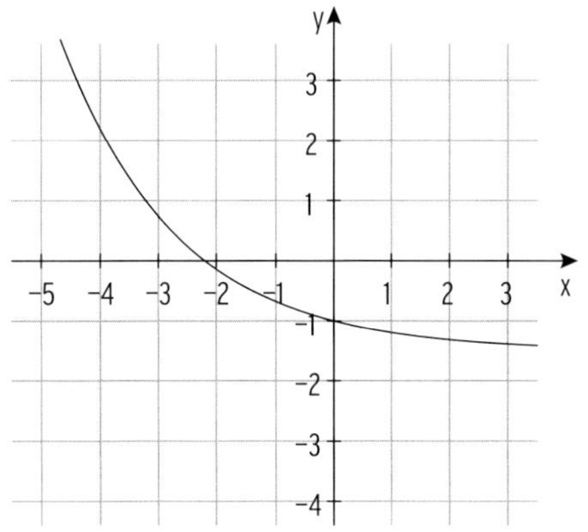

Abb. 3

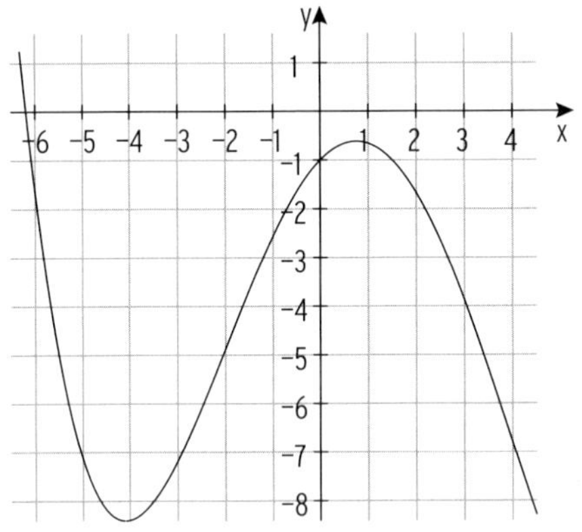

Abb. 4

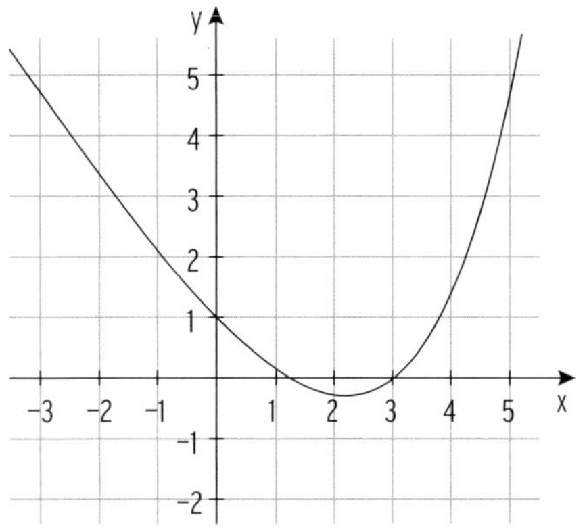

a) Begründen Sie, dass nur Abb. 1 das Schaubild K_h der Funktion h sein kann.

b) Von den anderen drei Abbildungen zeigt eine das Schaubild der Ableitungsfunktion h' und eine andere das Schaubild einer Stammfunktion H von h. Ordnen Sie diese zu und begründen Sie jeweils Ihre Entscheidung.

Zuordnung: ______________________________

Begründung:

7. Die Abbildungen zeigen die Schaubilder K_g und K_h der Funktionen g und h.

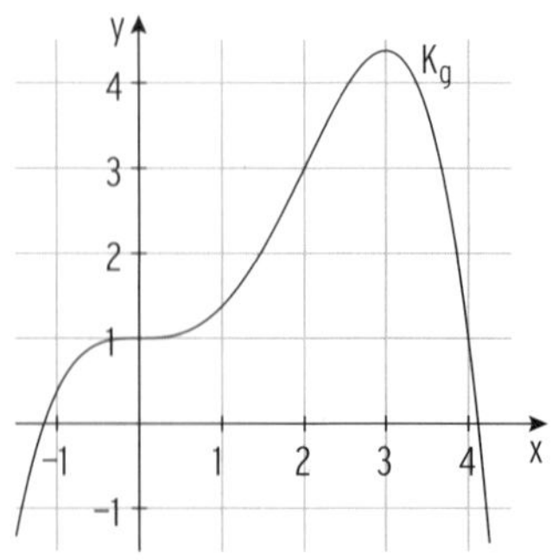

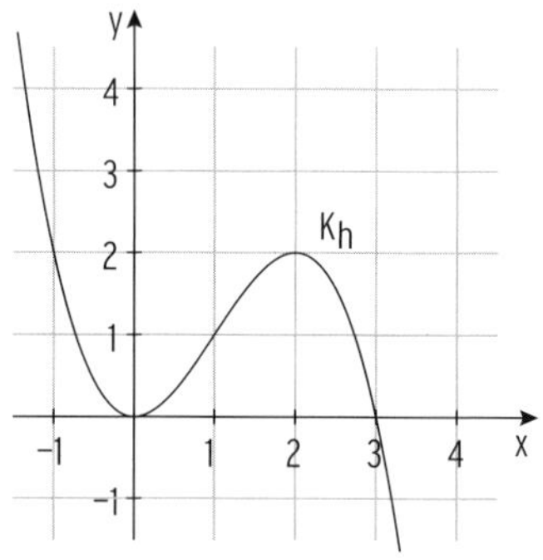

a) Begründen Sie mit Hilfe von vier Eigenschaften, dass K_h das Schaubild der Ableitungsfunktion von g ist.

Zum Schaubild K_h gehört der Funktionsterm $h(x) = -\frac{1}{2}x^3 + \frac{3}{2}x^2$; $x \in \mathbb{R}$.

b) Berechnen Sie alle Stammfunktionen der Funktion h.

____

Welche dieser Stammfunktionen gehört zu K_g? ________________________

8. Vervollständigen Sie die folgenden Aussagen:

a) Eine einfache Nullstelle einer Funktion ist eine ____________________ ihrer Stammfunktion.

b) Eine Polynomfunktion dritten Grades hat ________ Wendestelle(n), denn ihre zweite Ableitungsfunktion ist vom Grad ________.

c) Die Funktion h mit $h(x) = 2\cos(3x) + 5$, $x \in \mathbb{R}$, hat den Wertebereich ______________ und die ______________ $\frac{2}{3}\pi$.

d) Ein möglicher Funktionsterm einer Funktion mit den einfachen Nullstellen $x_1 = -3$, $x_2 = 0$ und $x_3 = 2$ lautet __________________________.

e) Das Schaubild der trigonometrischen Funktion mit dem Funktionsterm ______________ hat in W(0 | 2) einen Wendepunkt und in H(2 | 4) den ersten Hochpunkt mit positivem x-Wert.

3 Bestimmtes Integral

1. Berechnen Sie das bestimmte Integral.

$\int_1^0 (e^{0,5x}+1)dx$	$\int_1^0 (e^{0,5x}+1)dx = \left[2e^{0,5x}+x\right]_1^0$ $= 2-(2e^{0,5}+1) = 1-2e^{0,5}$
$\int_0^{\frac{1}{2}\pi} (4\cos(2x))dx$	
$\int_{-1}^0 (e^{-0,25x}-2)dx$	
$\int_{-1}^3 (x^2-3x)dx$	
$\int_{-1}^1 (x^3-2x)dx$	
$\int_{-2}^2 (x^4+3x^2+1)dx$	

2. Wo liegt der Fehler?

$\int_1^0 (e^{0,1x}-1)dx = \left[0,1e^{0,1x}-x\right]_1^0$ $= (0,1e^{0,1}-1)-0,1$ $= 0,1e^{0,1}-1,1$	Stammfunktion falsch Richtig: $F(x) = 10e^{0,1x}-x$ Einsetzen in falscher Reihenfolge Richtig: $F(0)-F(1)$
$\int_0^{\frac{1}{2}\pi} (3\sin(2x)+1)dx = \left[\frac{3}{2}\cos(2x)\right]_0^{\frac{1}{2}\pi}$ $= \frac{3}{2}\cos(\pi) - \frac{3}{2}\cos(2)$ $= \frac{3}{2} - \frac{3}{2}\cos(2)$	
$\int_{-1}^1 (5x^4-4x^3-2)dx = \left[x^5+x^4-2x\right]_{-1}^1$ $= -1+1+2-0$ $= 2$	

7 Bohner, Ott, Rosner, Deusch - ISBN 978-3-8120-2303-0

4 Flächeninhaltsberechnungen

1. Das Schaubild von f begrenzt mit der x-Achse eine Fläche. Berechnen Sie den Inhalt.

$f(x) = (x-2)(x-4)$	Nullstellen von f: $f(x) = 0 \quad x_1 = 2;\ x_2 = 4$ Flächeninhaltsberechnung: $\int_2^4 f(x)dx = \int_2^4 (x^2 - 6x + 8)dx$ $= \left[\frac{1}{3}x^3 - 3x^2 + 8x\right]_2^4 = -\frac{4}{3}$ Die Fläche hat einen Inhalt von $\frac{4}{3}$. 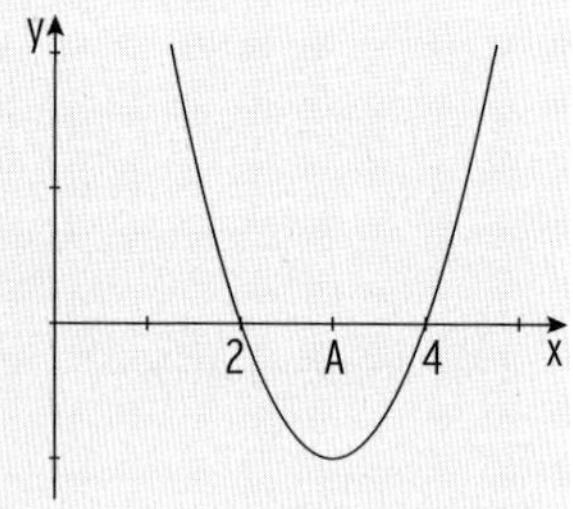
$f(x) = -x^2(x-4)$	
$f(x) = x^4 - 2x^2$	

2. Das Schaubild von f begrenzt mit der x-Achse auf [a; b] eine Fläche. Berechnen Sie den Inhalt.

$f(x) = 3\sin(2x)$; $x \in [0; 2]$	f hat die Nullstellen 0 und $\frac{\pi}{2}$. Flächeninhaltsberechnung: $\int_0^{0,5\pi} f(x)dx = \left[-\frac{3}{2}\cos(2x)\right]_0^{0,5\pi} = \frac{3}{2} + \frac{3}{2} = 3$ $\int_{0,5\pi}^{2} f(x)dx = F(2) - F(0,5\pi) = 0,98 - \frac{3}{2}$ $= -0,52 \qquad A = 3,52$ 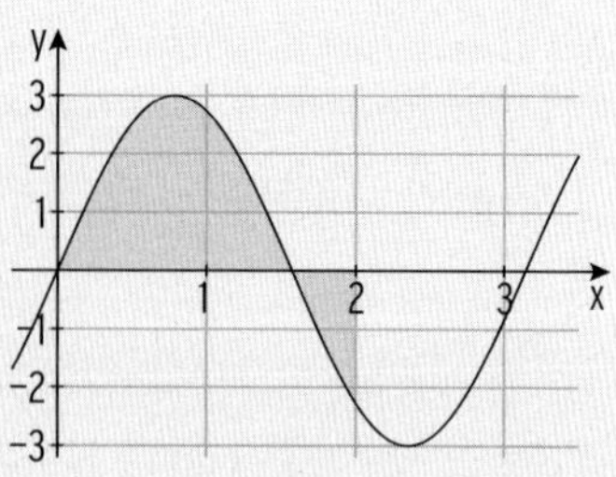
$f(x) = \cos(0,5x)$; $x \in [0; 4]$	
$f(x) = e^{-0,5x} - 4$; $x \in [0; 2]$	

3. f hat die gegebenen Nullstellen. Berechnen Sie den Inhalt der markierten Fläche.

$f(x) = -x^3 - x^2 + 3x + 3$;
$x_1 = -1{,}73$; $x_2 = -1$; $x_3 = 1{,}73$

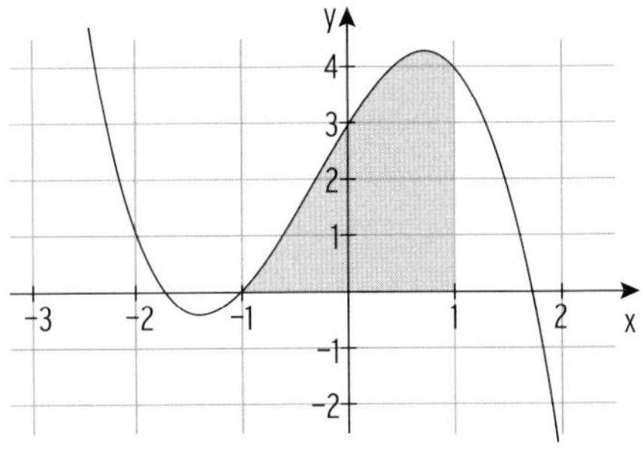

$f(x) = 1 + \cos(2x)$; $x_{1|2} = \pm\frac{\pi}{2}$

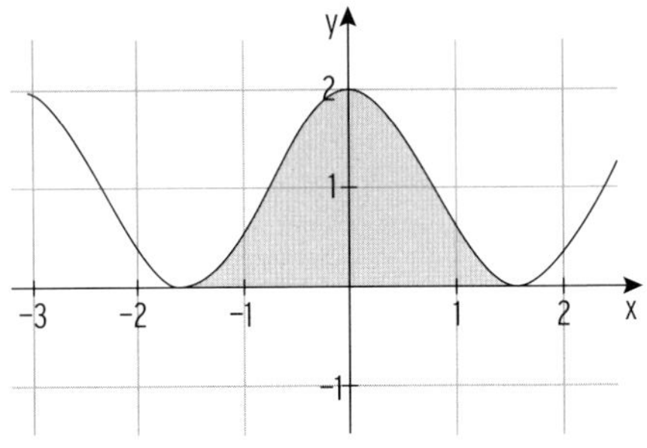

$f(x) = e^{0{,}5x} - 3$; $x_1 = 2\ln(3)$

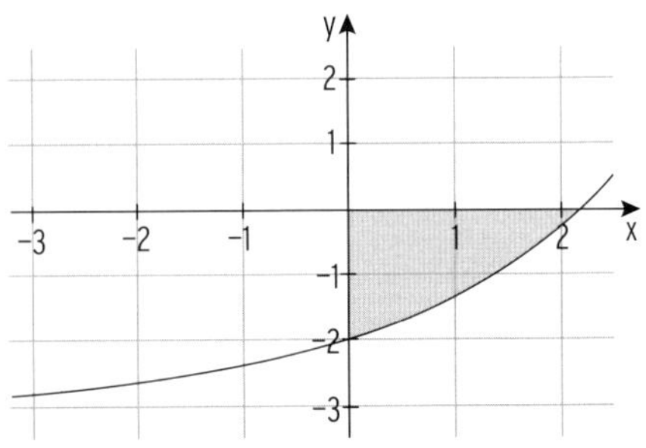

$f(x) = \frac{1}{4}x^2 - x$; $x_1 = 0$; $x_2 = 4$

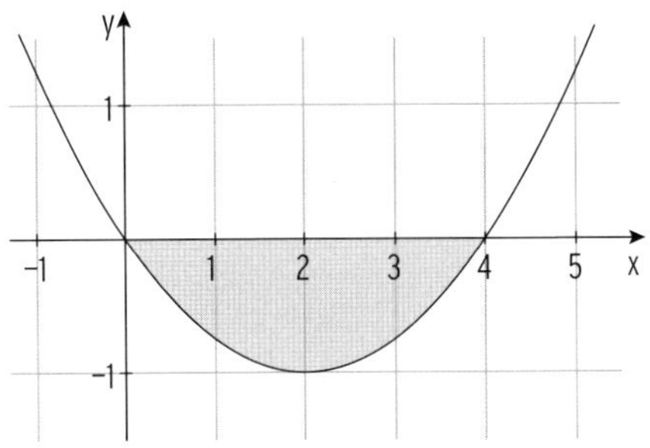

4. Füllen Sie die Tabelle aus.

Graph von f	Das größere Flächenstück liegt .... der x-Achse	Integralwert	Inhalt der markierten Fläche
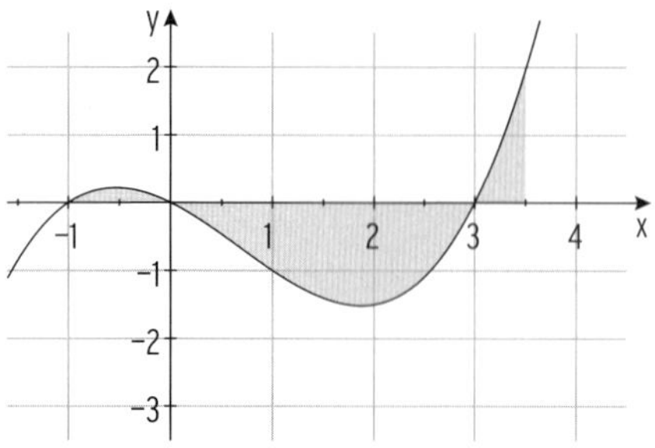	☐ unterhalb ☐ oberhalb	$\int_{-1}^{3,5} f(x)dx$ ☐ 0 ☐ − 2,21	☐ 2,96 ☐ 2
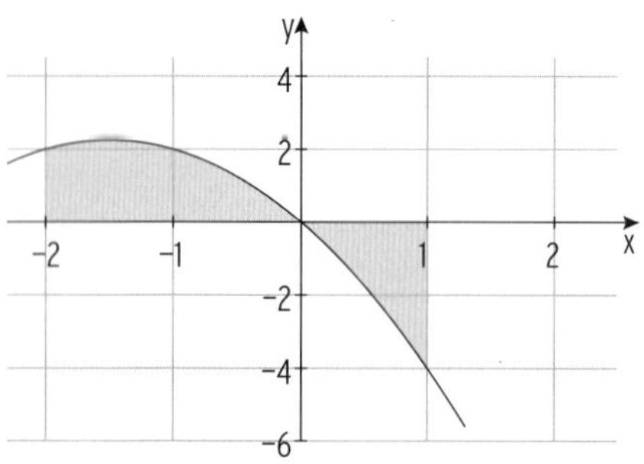	☐ unterhalb ☐ oberhalb	$\int_{-2}^{1} f(x)dx$ ☐ $\frac{3}{2}$ ☐ 1	☐ 3,5 ☐ $\frac{31}{6}$
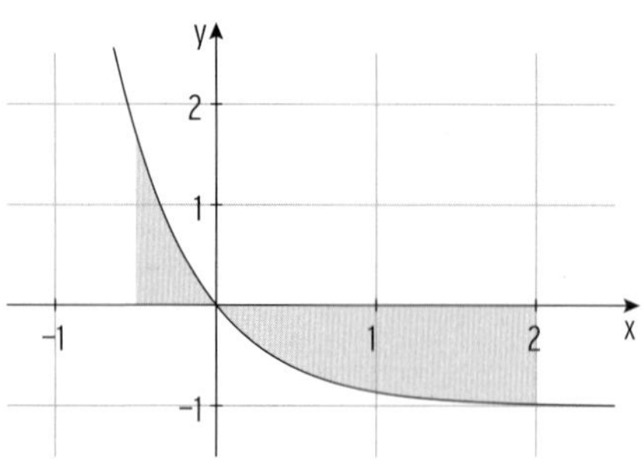	☐ unterhalb ☐ oberhalb	$\int_{-0,5}^{2} f(x)dx$ ☐ − 0,6 ☐ − 1,15	☐ 1,87 ☐ 3,12
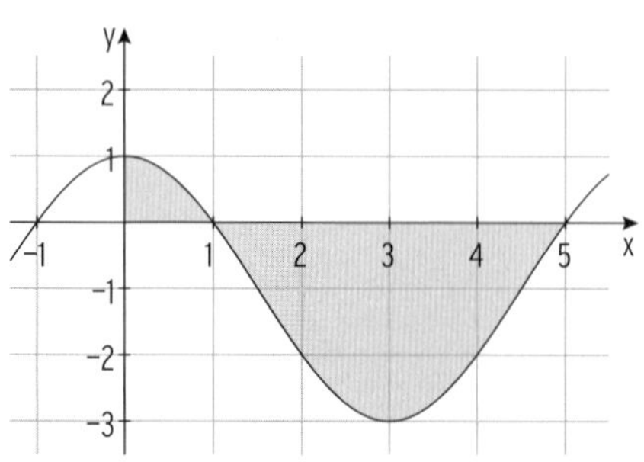	☐ unterhalb ☐ oberhalb	$\int_{0}^{5} f(x)dx$ ☐ − 4 ☐ − 6,5	☐ 9,75 ☐ 7,96

5. Die Graphen von f und g begrenzen eine Fläche vollständig.
Berechnen Sie den Inhalt der Fläche.

$f(x) = \frac{1}{8}x^3 - x^2 + 2x$ $g(x) = 2x$	Schnittstellen: $f(x) = g(x)$ $\quad \frac{1}{8}x^3 - x^2 + 2x = 2x$ Nullform: $\quad \frac{1}{8}x^3 - x^2 = 0$ Ausklammern: $\quad x^2(\frac{1}{8}x - 1) = 0$ Schnittstellen: $\quad x_{1\vert 2} = 0;\ x_3 = 8$ Integration über $f(x) - g(x) = \frac{1}{8}x^3 - x^2$: $\int_0^8 (\frac{1}{8}x^3 - x^2)\,dx$ $= \left[\frac{1}{32}x^4 - \frac{1}{3}x^3\right]_0^8 = -\frac{128}{3}$; $A = \frac{128}{3}$
$f(x) = 3\cos(2x)$; $x \in [0; \pi]$ $g(x) = 3$	
$f(x) = -x^2(x - 4)$ $g(x) = 4x$	
$f(x) = e^x - 5$ $g(x) = -4e^{-x}$	
$f(x) = \frac{1}{2}(x - 2)(x - 4)$ $g(x) = (x - 2)^2$	

6. Berechnen Sie den Inhalt der markierten Fläche.

$f(x) = x + 1; \quad g(x) = x^2 - 1$

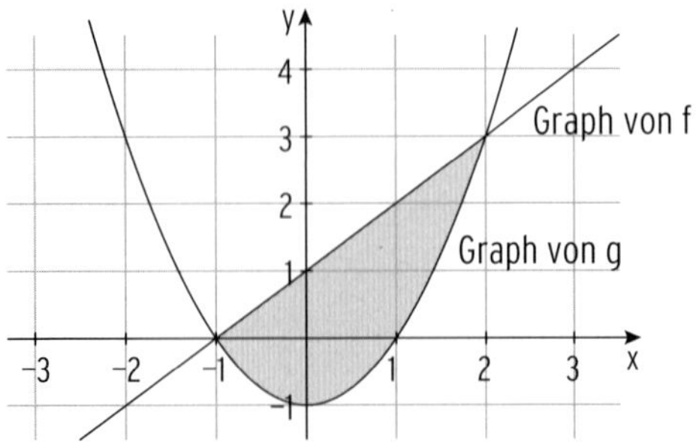

$f(x) = 0{,}5e^{-x} + 1; \; g(x) = -x^2 + 2x + 1{,}5$

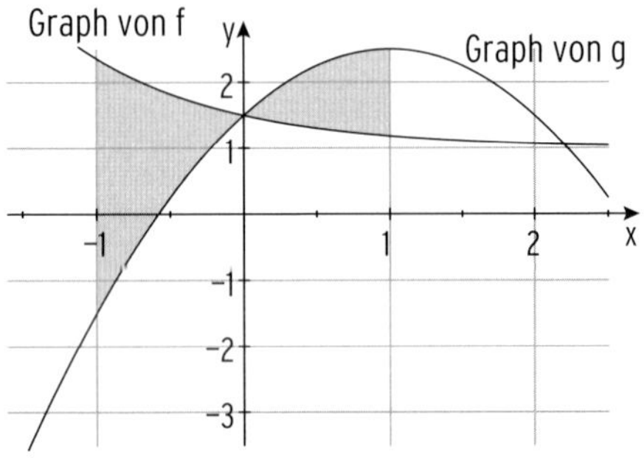

K: $f(x) = 0{,}25e^{-x} + 2$; G: $g(x) = -x^2 + 1$

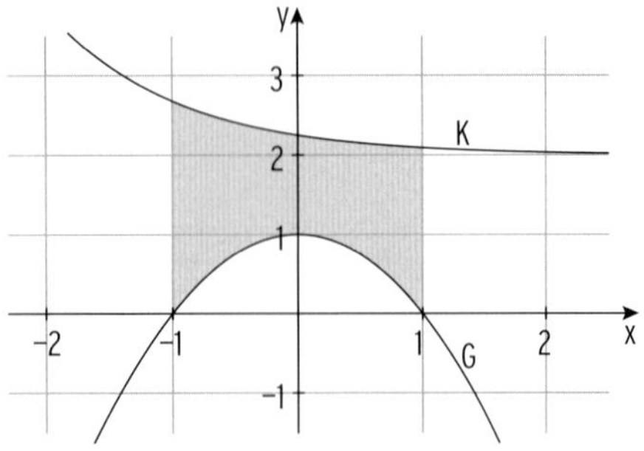

K: $f(x) = \sin(\frac{\pi}{2}x)$; G: $g(x) = -\frac{1}{4}x(x-2)$

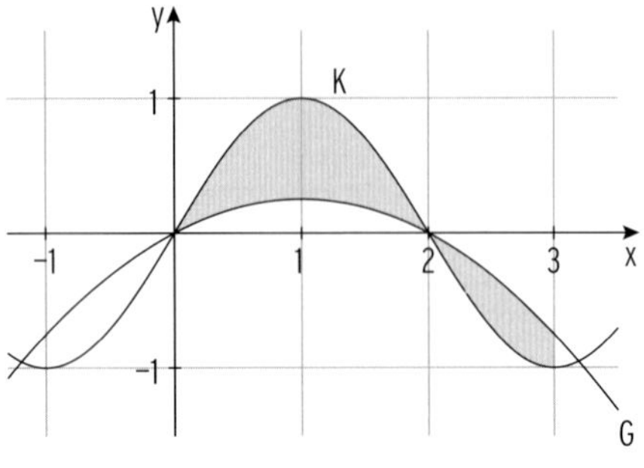

7. Die Abbildung zeigt das Schaubild einer Funktion h.
H ist eine Stammfunktion von h.
Begründen Sie für jede der folgenden Behauptungen, ob sie richtig oder falsch sind.

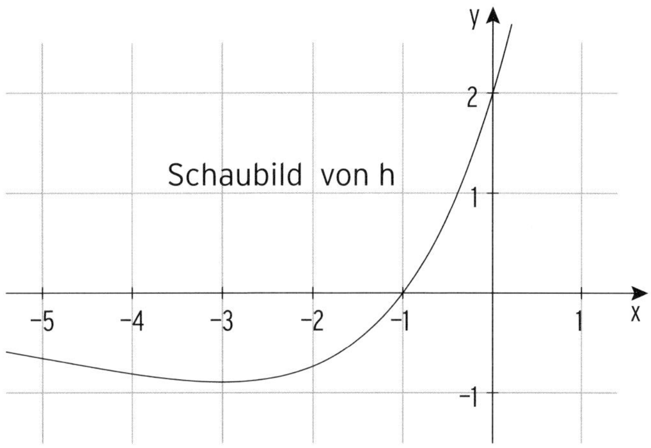

$H'(0) = 2$	☐ (r) ☐ (f)	
$h(-2) - h(0) < 0$	☐ (r) ☐ (f)	
Das Schaubild von H hat einen Tiefpunkt.	☐ (r) ☐ (f)	
$\int_{-5}^{-1} h(x)dx < -5$	☐ (r) ☐ (f)	
$\int_{-1}^{0} h'(x)dx = 2$	☐ (r) ☐ (f)	
Das Schaubild von H hat einen Wendepunkt mit negativer x-Koordinate.	☐ (r) ☐ (f)	
$3\int_{-2}^{-1} h(x)dx > 0$	☐ (r) ☐ (f)	

8. Die Abbildung zeigt die Graphen von f und g. Entscheiden Sie, welche der Aussagen wahr oder welche falsch sind?

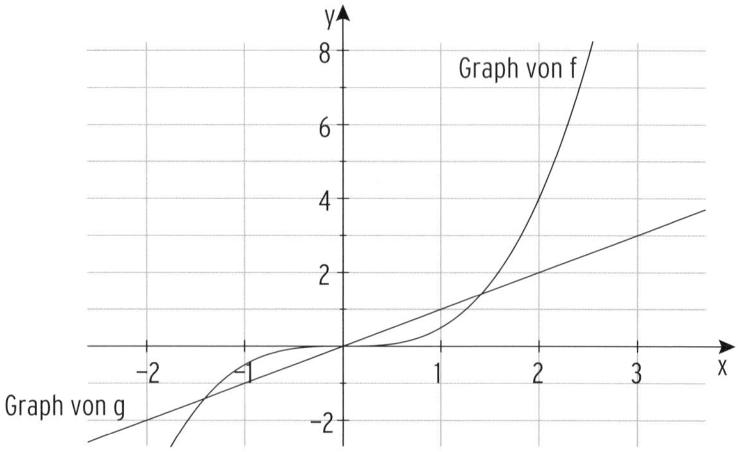

f(x) − g(x) wechselt das Vorzeichen auf [0; 2]	☐ (w) ☐ (f)
$\int_0^1 (f(x) - g(x))dx > 0$	☐ (w) ☐ (f)
$\int_{-1}^1 (f(x) - g(x))dx = 0$	☐ (w) ☐ (f)
$\int_0^{2,5} (f(x) - g(x))dx > 0$	☐ (w) ☐ (f)
$\int_{-1}^0 (g(x) - f(x))dx > 0$	☐ (w) ☐ (f)
$\int_0^{\sqrt{2}} (f(x) - g(x))dx = -2$	☐ (w) ☐ (f)
f − g hat drei Nullstellen auf $-2 \leq x \leq 2$	☐ (w) ☐ (f)
Es gibt ein a > 0, so dass $\int_0^a (f(x) - g(x))dx = 0$	☐ (w) ☐ (f)

9. Ordnen Sie dem Inhalt der markierten Fläche ein Integral zu.

a)

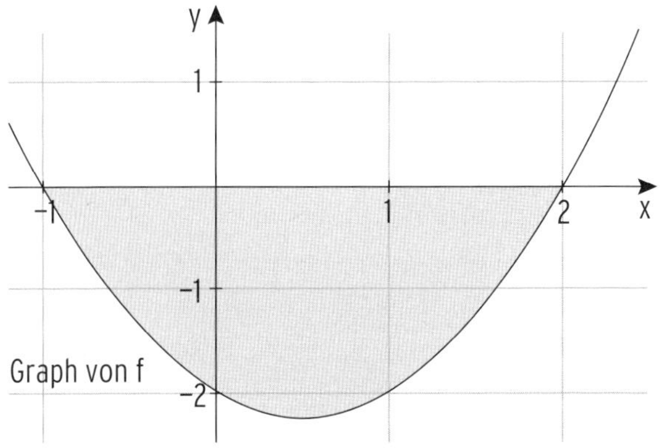

- ☐ $\int_{-1}^{2} f(x)dx$
- ☐ $\int_{2}^{-1} f(x)dx$
- ☐ $-\int_{-1}^{2} f(x)dx$

b)

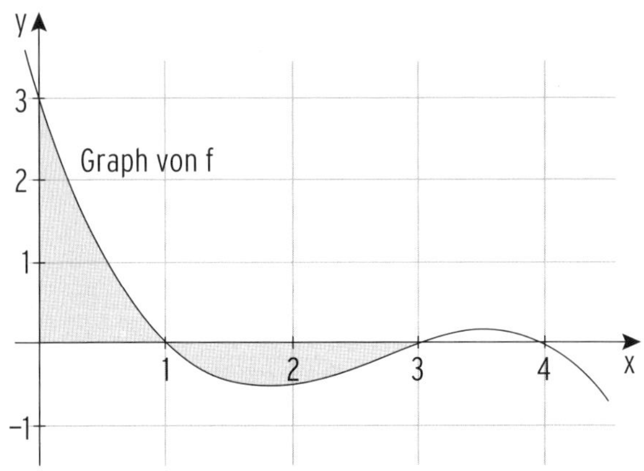

- ☐ $\int_{0}^{3} f(x)dx$
- ☐ $\int_{0}^{1} f(x)dx + \int_{1}^{3} f(x)dx$
- ☐ $\int_{0}^{1} f(x)dx - \int_{1}^{3} f(x)dx$

c)

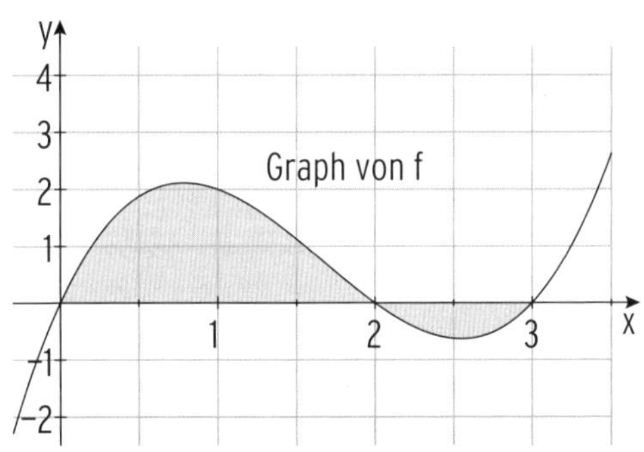

- ☐ $\int_{0}^{3} f(x)dx$
- ☐ $\frac{1}{2}\left(\int_{0}^{2} f(x)dx + \int_{2}^{3} f(x)dx\right)$
- ☐ $\int_{0}^{2} f(x)dx - \int_{2}^{3} f(x)dx$

d)

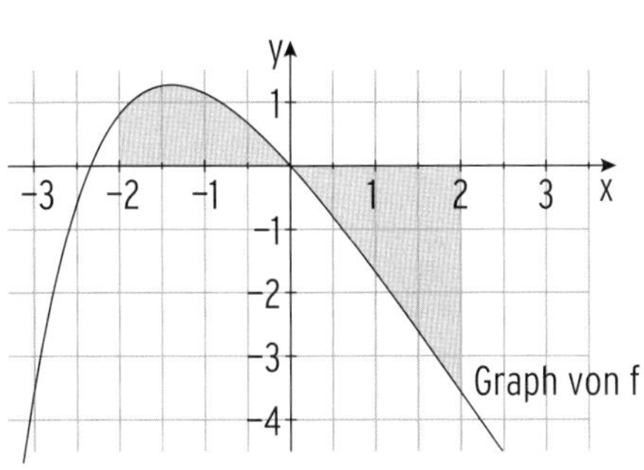

- ☐ $\int_{-2}^{2} f(x)dx$
- ☐ $\int_{-2}^{0} f(x)dx - \int_{0}^{2} f(x)dx$
- ☐ $-\int_{-2}^{2} f(x)dx$

8 Bohner, Ott, Rosner, Deusch - ISBN 978-3-8120-2303-0

Lösungen

I Funktionen

4 Trigonometrische Funktionen

1. Vervollständigen Sie die Tabelle mithilfe des WTR.

x (im Bogenmaß)	sin(x)	cos(x)
1	0,84	0,54
$\frac{1}{6}\pi$	0,5	0,87
$-\frac{1}{6}\pi$	− 0,5	0,87
0	0	1

x	sin(x)	cos(x)
0,5	0,48	0,88
$\frac{1}{2}\pi$	1	0
0,78	0,7	0,71
2,90	0,24	− 0,97

2. Vervollständigen Sie die Tabelle mithilfe des WTR. Skalieren Sie die x-Achse.

x	sin(x)	cos(x)
0	0	1
2π	0	1
π	0	− 1
$\frac{1}{2}\pi$	1	0
$-\frac{1}{2}\pi$	− 1	0
$-\frac{3}{2}\pi$	1	0
$\frac{5}{2}\pi$	1	0
7π	0	− 1
12π	0	1

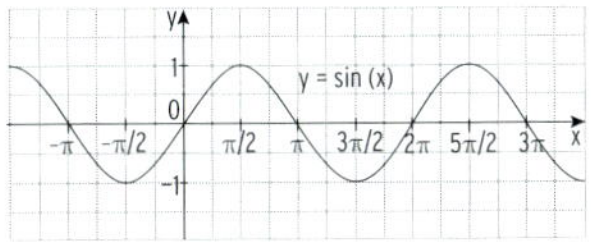

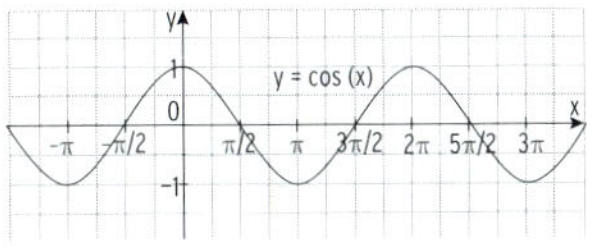

3. Zeichnen Sie das zugehörige Schaubild ein.

a) f(x) = 2sin(x) + 1

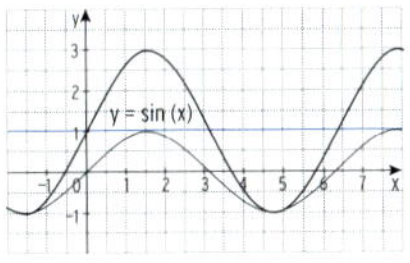

b) f(x) = − 1,5sin(x)

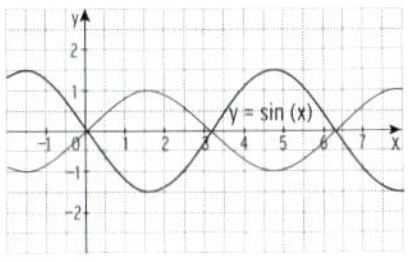

c) f(x) = 0,5cos(x)

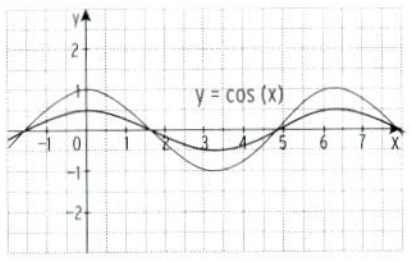

d) f(x) = − cos(x) − 1

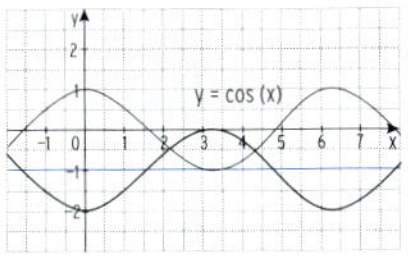

4. Bestimmen Sie einen möglichen Funktionsterm der Form f(x) = asin(x) + b bzw. f(x) = acos(x) + b.

a) f(x) = 2sin(x) − 1

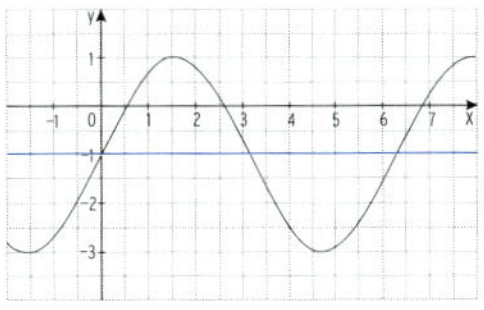

b) f(x) = 0,5cos(x) + 1

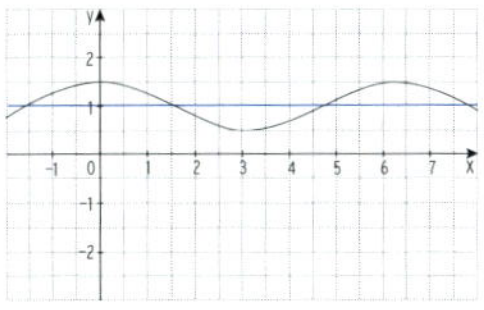

c) f(x) = − sin(x)

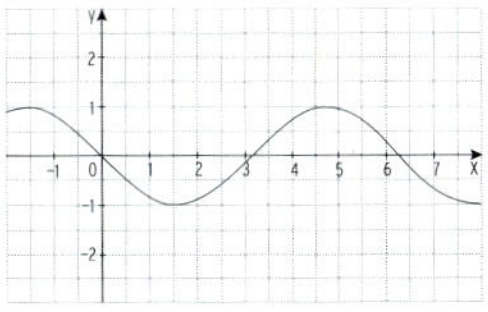

d) f(x) = 2cos(x) − 0,5

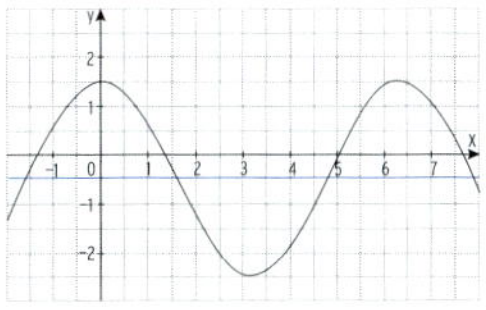

e) f(x) = − 2,5cos(x)

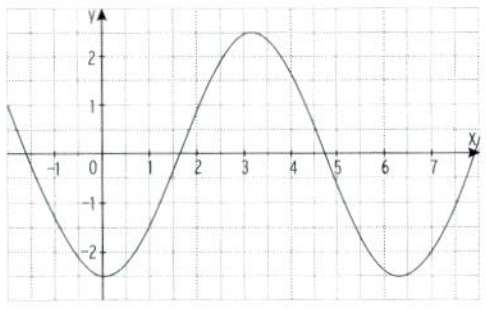

f) f(x) = − 1,5cos(x) + 0,5

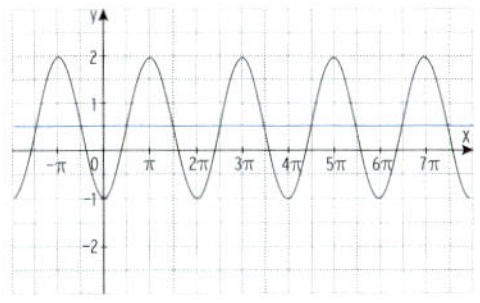

g) f(x) = 0,5sin(x) + 3

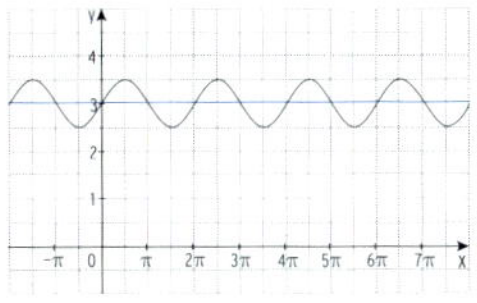

h) f(x) = − 2sin(x) − 1

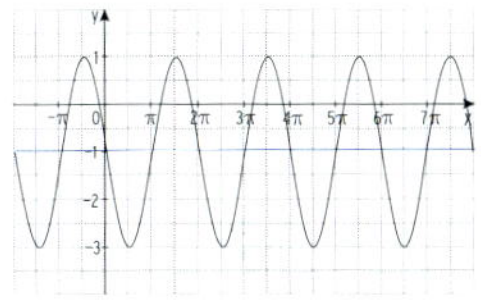

5. Ergänzen Sie die folgenden Sätze.

a) Das Schaubild der Funktion g mit g(x) = 0,5sin(x) − 1 entsteht aus der Sinuskurve (y = sin(x)) durch Streckung mit dem Faktor 0,5 in y-Richtung und durch Verschiebung um 1 nach unten.

b) Das Schaubild der Funktion g mit g(x) = − cos(x) + 2 entsteht aus der Kosinuskurve (y = cos(x)) durch Spiegelung an der x-Achse und durch Verschiebung um 2 nach oben.

c) Das Schaubild der Funktion g mit g(x) = 2cos(x) − 3 entsteht aus der Kurve mit y = cos(x) durch Streckung mit dem Faktor 2 in y-Richtung und durch Verschiebung um 3 nach unten.

d) Das Schaubild der Funktion g mit g(x) = − πsin(x) entsteht aus der Kurve mit y = sin(x) durch Spiegelung an der x-Achse, anschließend eine Streckung mit dem Faktor π in y -Richtung.

6. Geben Sie die Amplitude a und die Periode p der Funktion f an.

Funktionsterm	a	p	Funktionsterm	a	p
$f(x) = 0{,}25\sin(\pi x)$	a = 0,25	$p = \frac{2\pi}{\pi} = 2$	$f(x) = -5\cos(\frac{\pi}{2}x)$	a = 5	$p = \frac{2\pi}{\frac{\pi}{2}} = 4$
$f(x) = 6\cos(5x)$	a = 6	$p = \frac{2\pi}{5}$	$f(x) = 1{,}6\sin(3x)$	a = 1,6	$p = \frac{2\pi}{3}$
$f(x) = -4\sin(\frac{x}{3})$	a = 4	$p = \frac{2\pi}{\frac{1}{3}} = 6\pi$	$f(x) = -\frac{4}{3}\sin(\frac{x}{2})$	$a = \frac{4}{3}$	$p = \frac{2\pi}{\frac{1}{2}} = 4\pi$
$f(x) = 3\cos(2x)$	a = 3	$p = \frac{2\pi}{2} = \pi$	$f(x) = \cos(x) + 1$	a = 1	$p = 2\pi$

7. Geben Sie den Funktionsterm einer trigonometrischen Funktion mit der Periode p und der Amplitude a an.

a	p	f(x) = a · sin(kx)	a	p	f(x) = a · cos(kx)
a = 2	p = 2	$f(x) = 2\sin(\pi x)$	a = 6	$p = 4\pi$	$f(x) = 6\cos(\frac{x}{2})$
$a = \pi$	p = 1	$f(x) = \pi\sin(2\pi x)$	a = 4	p = 4	$f(x) = 4\cos(\frac{\pi}{2}x)$
a = 0,5	$p = \frac{2}{3}\pi$	$f(x) = 0{,}5\sin(3x)$	$a = \frac{5}{2}$	$p = \frac{3}{4}$	$f(x) = \frac{5}{2}\cos(\frac{8}{3}\pi x)$

8. Bestimmen Sie einen möglichen Funktionsterm.

g(x) = − 2 sin(x) − 0,5

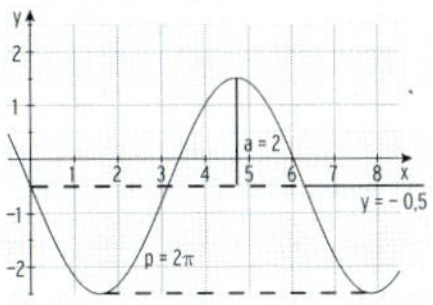

Lösungshinweise:
keine Verschiebung in x-Richtung

Mittellinie: $d = \frac{y_{max} + y_{min}}{2} = \frac{1{,}5 + (-2{,}5)}{2} = -0{,}5$

Amplitude: $\frac{y_{max} - y_{min}}{2} = \frac{1{,}5 - (-2{,}5)}{2} = 2$

Wegen Spiegelung an der x-Achse: a = − 2

Periode: Differenz benachbarter Minimalstellen
Aus $p = \frac{2\pi}{b}$ folgt $b = \frac{2\pi}{p} = 1$

Einsetzen in g(x) = asin(bx) + d

g(x) = 1,5cos(x) − 1,5

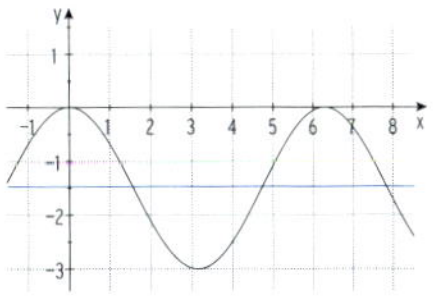

g(x) = cos(x − 2)

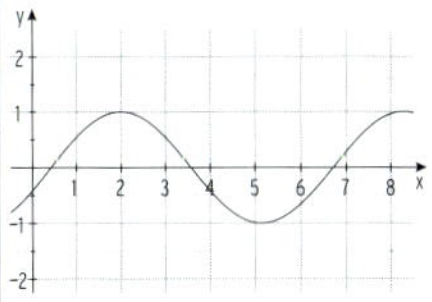

$g(x) = 2\sin(\frac{\pi}{3}x)$

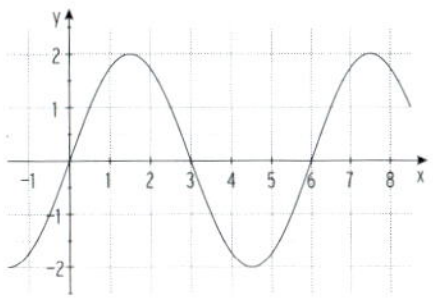

g(x) = − 0,5sin(2x) − 1

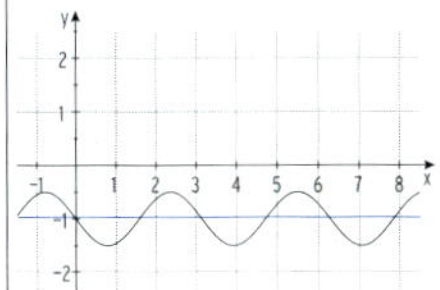

g(x) = − 2cos(πx)

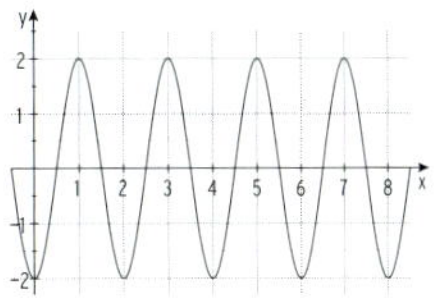

g(x) = − cos(0,5x) − 0,5

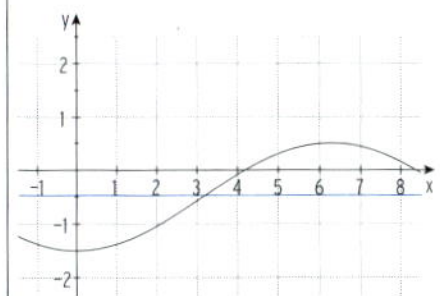

9. Beschriften Sie die Koordinatenachsen.

$f(x) = 4\sin(x) - 2$

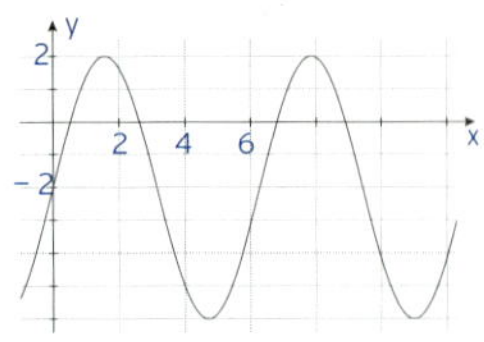

$f(x) = 0{,}5\cos(0{,}5x)$

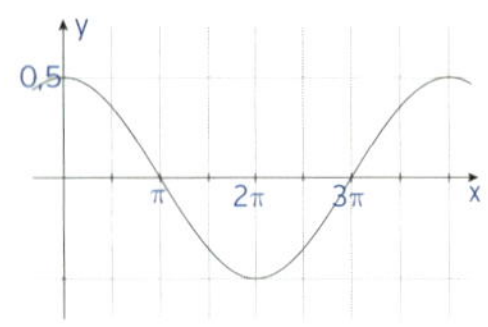

10. Geben Sie den zugehörigen Funktionsterm an. Das Schaubild von f mit $f(x) = \sin(x)$ wird um

a) 2 nach links und um 0,5 nach unten verschoben. $g(x) = \sin(x + 2) - 0{,}5$

b) an der x-Achse gespiegelt und dann um 1 nach oben verschoben. $g(x) = -\sin(x) + 1$

c) mit Faktor 3 in y-Richtung gestreckt und dann um 3 nach rechts verschoben. $g(x) = 3\sin(x - 3)$

d) mit Faktor 2 in x-Richtung gestreckt und dann um 3 nach unten verschoben. $g(x) = \sin(0{,}5x) - 3$

11. Wie geht der Graph von g aus dem Graphen von f mit $f(x) = \sin(x)$ hervor?

$g(x) = 2\sin(x) + 1$	Streckung in y-Richtung mit Faktor 2; Verschiebung nach oben um 1
$g(x) = -3\sin(4x) + 2$	Streckung in y-Richtung mit Faktor 3; Spiegelung an der x-Achse; Streckung in x-Richtung mit $\frac{1}{4}$; Verschiebung nach oben um 2
$g(x) = 0{,}25\sin(x - 3) + 5$	Streckung in y-Richtung mit Faktor $\frac{1}{4}$; Verschiebung nach rechts um 3; Verschiebung nach oben um 5.
$g(x) = 2{,}5\sin(\pi x) - 3$	Streckung in y-Richtung mit Faktor 2,5; Streckung in x-Richtung mit Faktor $\frac{1}{\pi}$; Verschiebung nach unten um 3
$g(x) = \cos(x) - 1$	Mit $\cos(x) = \sin((x + \frac{\pi}{2})$: $g(x) = \sin(x + \frac{\pi}{2}) - 1$ Verschiebung nach links um $\frac{\pi}{2}$; Verschiebung nach unten um 1

8

12. Ordnen Sie zu.

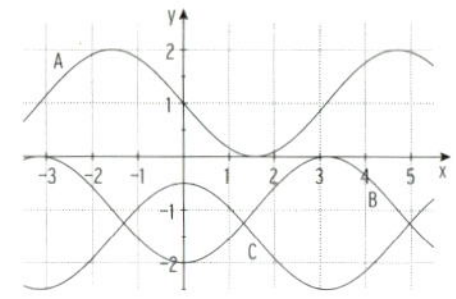

B : $f(x) = -\cos(x) - 1$

C : $g(x) = \cos(x) - 1{,}5$

A : $h(x) = -\sin(x) + 1$

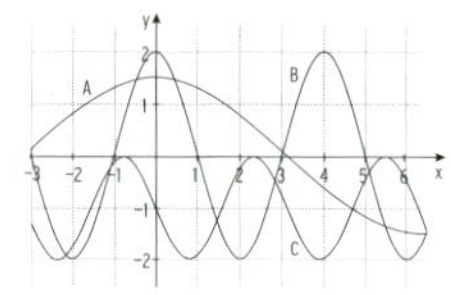

A: $f(x) = 1{,}5\cos(0{,}5x)$

C: $g(x) = -1 - \sin(2x)$

B : $h(x) = 2\cos(\frac{\pi}{2}x)$

13. Sind die Aussagen falsch (f) oder wahr (w)?

	w	f
a) Durch eine Streckung in y-Richtung mit Faktor $\frac{3}{2}$ vergrößert sich die Amplitude einer Funktion.	☒	☐
b) Durch eine Streckung in x-Richtung mit Faktor 2 vergrößert sich die Periodenlänge einer Funktion	☒	☐
c) Das Schaubild der Funktion f mit $f(x) = 3\sin(3x)$ geht aus der Sinuskurve durch eine Streckung mit Faktor 3 in x- und y-Richtung hervor.	☐	☒
d) Das Schaubild der Funktion g mit $g(x) = 2\sin(x + 1)$ geht aus der Sinuskurve durch Streckung in x-Richtung und Verschiebung um eine Einheit nach links vor.	☐	☒
e) Die Funktion f mit $f(x) = 2\sin(x) + 1$ hat den Wertebereich $[-2; 2]$	☐	☒
f) Die Funktion f mit $f(x) = 3\sin(x) + 4$ hat den Wertebereich $[1; 7]$.	☒	☐

14. Die Abbildung zeigt das Schaubild der Funktion f mit $f(x) = \sin(x)$. Lesen Sie alle Lösungen der Gleichungen im Intervall $[-\pi; 2\pi]$ aus der Zeichnung ab.

a) $\sin(x) = -1 \Rightarrow x = -\frac{\pi}{2}$; $x = \frac{3}{2}\pi$

b) $\sin(x) = 0{,}5 \Rightarrow x = 0{,}5$; $x = 2{,}6$

c) $\sin(x) = -0{,}5 \Rightarrow x = -0{,}5$; $x = -2{,}6$
$x = 3{,}7$; $x = 5{,}8$

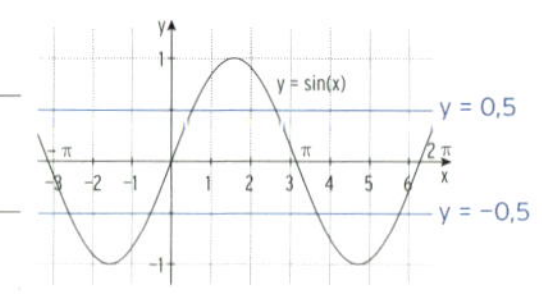

9

15. Geben Sie alle exakten Lösungen im Intervall $[0; 2\pi]$ an.

a) $2\sin(x) = \sqrt{2}$	b) $\cos(x) = 0{,}5$	c) $2\sin(x) = -1$	d) $\cos(x) = \frac{\sqrt{3}}{2}$
$\sin(x) = \frac{\sqrt{2}}{2}$ WTR: $x_1 = \frac{\pi}{4}$ mithilfe der Sinuskurve: $x_2 = \frac{3\pi}{4}$	WTR: $x_1 = \frac{\pi}{3}$ Symmetrie: $x = -\frac{\pi}{3} \notin [0; 2\pi]$ Lösungen: $x_1 = \frac{\pi}{3}$ $x_2 = -\frac{\pi}{3} + 2\pi = \frac{5\pi}{3}$	$\sin(x) = -0{,}5$ WTR: $x = -\frac{\pi}{6} \notin [0; 2\pi]$ mithilfe der Sinuskurve: $x_1 = \pi + \frac{\pi}{6} = \frac{7\pi}{6}$ $x_2 = 2\pi - \frac{\pi}{6} = \frac{11\pi}{6}$ Lösungen: $x_1 = \frac{7\pi}{6}$; $x_2 = \frac{11\pi}{6}$	WTR: $x_1 = \frac{\pi}{6}$ Symmetrie: $x = -\frac{\pi}{6} \notin [0; 2\pi]$ Lösungen: $x_1 = \frac{\pi}{6}$ $x_2 = 2\pi - \frac{\pi}{6} = \frac{11\pi}{6}$ ($x_3 = 2\pi + \frac{\pi}{6} > 2\pi$)

16. Geben Sie alle exakten Lösungen im Intervall $[0; 2\pi]$ an.

a) $2\sin(2x) = \sqrt{2}$	b) $\cos(\frac{x}{2}) = 0{,}5$	c) $2\sin(\frac{\pi}{3}x) = -1$	d) $\cos(2x) = \frac{\sqrt{3}}{2}$
$\sin(2x) = \frac{\sqrt{2}}{2}$ WTR: $z_1 = \frac{\pi}{4}$ Mit der Sinuskurve: $z_2 = \frac{3\pi}{4}$ Mit $z = 2x$: $x_1 = \frac{\pi}{8}$; $x_2 = \frac{3\pi}{8}$ Periode $p = \pi$: $x = \frac{\pi}{8} + \pi = \frac{9}{8}\pi$ $x = \frac{3\pi}{8} + \pi = \frac{11}{8}\pi$ Lösungen: $x_1 = \frac{\pi}{8}$; $x_2 = \frac{3\pi}{8}$ $x_3 = \frac{9\pi}{8}$; $x_4 = \frac{11\pi}{8}$	WTR: $z_1 = \frac{\pi}{3}$ Symmetrie: $z_2 = -\frac{\pi}{3}$ Mit $z = \frac{x}{2}$: $x_{1\|2} = \pm\frac{2\pi}{3}$ Lösung: $x_1 = \frac{2\pi}{3}$ ($x_2 = -\frac{2\pi}{3} + 4\pi > 2\pi$ keine Lösung)	$\sin(\frac{\pi}{3}x) = -0{,}5$ WTR: $z_1 = -\frac{\pi}{6}$ Sinuskurve: $z_2 = \frac{\pi}{6} + \pi = \frac{7}{6}\pi$ Mit $z = \frac{\pi}{3}x$: $x_1 = -\frac{1}{2}$; $x_2 = \frac{7}{2}$ Periode $p = 6$ Lösungen: $x_1 = \frac{7}{2}$ $x_2 = -\frac{1}{2} + 6 = \frac{11}{2}$	WTR, Symmetrie: $z = \pm\frac{\pi}{6}$ Mit $z = 2x$: $x = \pm\frac{\pi}{12}$ Periode: $p = \pi$ Lösungen: $x_1 = \frac{\pi}{12}$ $x_2 = -\frac{\pi}{12} + \pi = \frac{11\pi}{12}$ $x_3 = \frac{\pi}{12} + \pi = \frac{13\pi}{12}$ $x_4 = -\frac{\pi}{12} + 2\pi = \frac{23\pi}{12}$

17. Geben Sie alle exakten Lösungen im Intervall $[0; 2\pi]$ an.

a) $\sin(x) = -\frac{1}{2}\sqrt{2}$	b) $\sin(\frac{\pi}{4}x) = 0$	c) $\cos(\frac{x}{3}) = -0{,}5$	d) $\cos(2x) = 0$
WTR: $x = -\frac{\pi}{4}$ Sinusk.: $x = \frac{\pi}{4} + \pi = \frac{5\pi}{4}$ $x = -\frac{\pi}{4} + 2\pi = \frac{7\pi}{4}$ Lösungen: $x_1 = \frac{5\pi}{4}$; $x_2 = \frac{7\pi}{4}$	$\frac{\pi}{4}x = -\pi; 0; \pi; \dots$ Lösungen: $x_1 = 0$; $x_2 = \pi \cdot \frac{4}{\pi} = 4$ ($x_3 = 2\pi \cdot \frac{4}{\pi} = 8 > 2\pi$)	WTR; Symmetrie $z_{1\|2} = \pm\frac{2}{3}\pi$ Mit $z = \frac{x}{3}$: $x_{1\|2} = \pm 2\pi$ Lösung: $x_1 = 2\pi$ einzige Lösung auf $[0; 2\pi]$	$z = 2x = \pm\frac{\pi}{2} \Rightarrow x = \pm\frac{\pi}{4}$ Periode $p = \pi$ Lösungen: $x_1 = \frac{\pi}{4}$ $x_2 = -\frac{\pi}{4} + \pi = \frac{3}{4}\pi$ $x_3 = -\frac{\pi}{4} + 2\pi = \frac{7}{4}\pi$ $x_4 = \frac{\pi}{4} + \pi = \frac{5}{4}\pi$

10

II Lineare Gleichungssysteme

Umformung und Lösung eines linearen Gleichungssystems

1. Lösen Sie das zugehörige lineare Gleichungssystem für x_1, x_2, x_3.

a) $\left(\begin{array}{ccc|c} 1 & 1 & 1 & 0 \\ 2 & 1 & 1 & 5 \\ -3 & 0 & 3 & 3 \end{array}\right)$

$\left(\begin{array}{ccc|c} 1 & 1 & 1 & 0 \\ 2 & 1 & 1 & 5 \\ -3 & 0 & 3 & 3 \end{array}\right)$ $\cdot(-2)$; $\cdot 3$

$\left(\begin{array}{ccc|c} 1 & 1 & 1 & 0 \\ 0 & -1 & -1 & 5 \\ 0 & 3 & 6 & 3 \end{array}\right)$ $\cdot 3$

$\left(\begin{array}{ccc|c} 1 & 1 & 1 & 0 \\ 0 & -1 & -1 & 5 \\ 0 & 0 & 3 & 18 \end{array}\right)$

$3x_3 = 18 \Rightarrow x_3 = 6$

Einsetzen in $-x_2 - x_3 = 5$ ergibt:

$-x_2 - 6 = 5 \Rightarrow x_2 = -11$

Einsetzen in $x_1 + x_2 + x_3 = 0$ ergibt:

$x_1 - 11 + 6 = 0 \Rightarrow x_1 = 5$

Lösung: $(5; -11; 6)$

b) $\left(\begin{array}{ccc|c} 2 & 1 & 5 & 13 \\ 4 & 3 & 2 & -9 \\ -3 & -4 & -3 & 6 \end{array}\right)$

$\left(\begin{array}{ccc|c} 2 & 1 & 5 & 13 \\ 4 & 3 & 2 & -9 \\ -3 & -4 & -3 & 6 \end{array}\right)$ $\cdot(-2)$; $\cdot 3$; $\cdot 2$

$\left(\begin{array}{ccc|c} 2 & 1 & 5 & 13 \\ 0 & 1 & -8 & -35 \\ 0 & -5 & 9 & 51 \end{array}\right)$ $\cdot 5$

$\left(\begin{array}{ccc|c} 2 & 1 & 5 & 13 \\ 0 & 1 & -8 & -35 \\ 0 & 0 & -31 & -124 \end{array}\right)$

$-31x_3 = -124 \Rightarrow x_3 = 4$

Einsetzen in $x_2 - 8x_3 = -35$ ergibt:

$x_2 - 32 = -35 \Rightarrow x_2 = -3$

Einsetzen in $2x_1 + x_2 + 5x_3 = 13$ ergibt: $2x_1 - 3 + 5 \cdot 4 = 13 \Rightarrow x_1 = -2$

Lösung: $(-2; -3; 4)$

c) $\left(\begin{array}{ccc|c} 1 & 2 & 3 & 5 \\ 4 & 6 & 1 & 3 \\ -1 & -1 & 4 & 5 \end{array}\right)$

$\left(\begin{array}{ccc|c} 1 & 2 & 3 & 5 \\ 4 & 6 & 1 & 3 \\ -1 & -1 & 4 & 5 \end{array}\right)$ $\cdot(-4)$

$\left(\begin{array}{ccc|c} 1 & 2 & 3 & 5 \\ 0 & -2 & -11 & -17 \\ 0 & 1 & 7 & 10 \end{array}\right)$ $\cdot 2$

$\left(\begin{array}{ccc|c} 1 & 2 & 3 & 5 \\ 0 & -2 & -11 & -17 \\ 0 & 0 & 3 & 3 \end{array}\right)$

$3x_3 = 3 \Rightarrow x_3 = 1$

Einsetzen in $-2x_2 - 11x_3 = -17$ ergibt: $-2x_2 - 11 = -17 \Rightarrow x_2 = 3$

Einsetzen in $x_1 + 2x_2 + 3x_3 = 5$ ergibt: $x_1 + 2 \cdot 3 + 3 \cdot 1 = 5 \Rightarrow x_1 = -4$

Lösung: $(-4; 3; 1)$

d) $\left(\begin{array}{ccc|c} 1 & 1 & -1 & 1 \\ -2 & 2 & 1 & 1 \\ 3 & 4 & -5 & -5 \end{array}\right)$

$\left(\begin{array}{ccc|c} 1 & 1 & -1 & 1 \\ -2 & 2 & 1 & 1 \\ 3 & 4 & -5 & -5 \end{array}\right)$ $\cdot 2$; $\cdot(-3)$

$\left(\begin{array}{ccc|c} 1 & 1 & -1 & 1 \\ 0 & 4 & -1 & 3 \\ 0 & 1 & -2 & -8 \end{array}\right)$ $\cdot(-4)$

$\left(\begin{array}{ccc|c} 1 & 1 & -1 & 1 \\ 0 & 4 & -1 & 3 \\ 0 & 0 & 7 & 35 \end{array}\right)$

$7x_3 = 35 \Rightarrow x_3 = 5$

Einsetzen in $4x_2 - x_3 = 3$ ergibt:

$4x_2 - 5 = 3 \Rightarrow x_2 = 2$

Einsetzen in $x_1 + x_2 - x_3 = 1$ ergibt:

$x_1 + 2 - 5 = 1 \Rightarrow x_1 = 4$

Lösung: $(4; 2; 5)$

11

2. Der Graph einer quadratischen Funktion verläuft durch die Punkte A, B und C. Bestimmen Sie den Funktionsterm der quadratischen Funktion.

a) A(1 | 1), B(3 | 3) und C(− 2 | 1)

Lösung durch Punktprobe in $f(x) = ax^2 + bx + c$:

A(1 | 1):	$a + b + c = 1$	
B(3 | 3):	$9a + 3b + c = 3$	LGS für a, b, c
C(−2 | 1):	$4a - 2b + c = 1$	

LGS in Matrixform: $\left(\begin{array}{ccc|c} 1 & 1 & 1 & 1 \\ 9 & 3 & 1 & 3 \\ 4 & -2 & 1 & 1 \end{array}\right)$ $\cdot(-9)$, $\cdot(-4)$

Lösung mit dem Gauß-Verfahren: $\left(\begin{array}{ccc|c} 1 & 1 & 1 & 1 \\ 0 & -6 & -8 & -6 \\ 0 & -6 & -3 & -3 \end{array}\right)$ $\cdot(-1)$

$\left(\begin{array}{ccc|c} 1 & 1 & 1 & 1 \\ 0 & -6 & -8 & -6 \\ 0 & 0 & 5 & 3 \end{array}\right)$

Aus Zeile 3: $c = \frac{3}{5}$; Einsetzen von c in Zeile 2: $-6b - 8 \cdot \frac{3}{5} = -6 \Rightarrow b = \frac{1}{5}$

Einsetzen von b und c in Zeile 1: $a + \frac{1}{5} + \frac{3}{5} = 1 \Rightarrow a = \frac{1}{5}$

Funktionsterm der quadratischen Funktion: $f(x) = 0{,}2x^2 + 0{,}2x + 0{,}6$

b) A(1 | 2), B(2 | 4) und C(3 | 6,5)

1. Lösung durch Punktprobe in $f(x) = ax^2 + bx + c$:

A(1 | 2):	$a + b + c = 2$	
B(2 | 4):	$4a + 2b + c = 4$	LGS für a, b, c
C(3 | 6,5):	$9a + 3b + c = 6{,}5$	

2. Schreiben Sie das LGS in Matrixform $\left(\begin{array}{ccc|c} 1 & 1 & 1 & 2 \\ 4 & 2 & 1 & 4 \\ 9 & 3 & 1 & 6{,}5 \end{array}\right)$

3. Lösung mit dem Gauß-Verfahren: $\left(\begin{array}{ccc|c} 1 & 1 & 1 & 2 \\ 0 & -2 & -3 & -4 \\ 0 & -6 & -8 & -11{,}5 \end{array}\right)$

$\left(\begin{array}{ccc|c} 1 & 1 & 1 & 2 \\ 0 & -2 & -3 & -4 \\ 0 & 0 & 1 & 0{,}5 \end{array}\right)$

Aus Zeile 3: $c = 0{,}5$

Einsetzen von c in Zeile 2: $-2b - 3 \cdot 0{,}5 = -4 \Rightarrow b = 1{,}25$

Einsetzen von b und c in Zeile 1: $a + 1{,}25 + 0{,}5 = 2 \Rightarrow a = 0{,}25$

Funktionsterm der quadratischen Funktion: $f(x) = 0{,}25x^2 + 1{,}25x + 0{,}5$

12

3. Das lineare Gleichungssystem wird mit dem Gaußverfahren gelöst. Ergänzen Sie die fehlenden Zahlen.

a) $\left(\begin{array}{ccc|c} 1 & 1 & 1 & 0 \\ 2 & 3 & 3 & 4 \\ -2 & 0 & 3 & -1 \end{array}\right) \sim \left(\begin{array}{ccc|c} 1 & 1 & 1 & 0 \\ 0 & 1 & 1 & 4 \\ 0 & 2 & 5 & -1 \end{array}\right) \sim \left(\begin{array}{ccc|c} 1 & 1 & 1 & 0 \\ 0 & 1 & 1 & 4 \\ 0 & 0 & 3 & -9 \end{array}\right)$

b) $\left(\begin{array}{ccc|c} 1 & 4 & -1 & 2 \\ -3 & 2 & 0 & 1 \\ 4 & 8 & -5 & -3 \end{array}\right) \sim \left(\begin{array}{ccc|c} 1 & 4 & -1 & 2 \\ 0 & 14 & -3 & 7 \\ 0 & -8 & -1 & -11 \end{array}\right) \sim \left(\begin{array}{ccc|c} 1 & 4 & -1 & 2 \\ 0 & 14 & -3 & 7 \\ 0 & 38 & 0 & 40 \end{array}\right)$

4. Das lineare Gleichungssystem für x_1, x_2, x_3 hat genau eine Lösung. Bestimmen Sie die Lösung.

a) $\left(\begin{array}{ccc\|c} 1 & 0 & 2 & 1 \\ 0 & 2 & 0 & 3 \\ 0 & 0 & 3 & -3 \end{array}\right)$	$3x_3 = -3;\ x_3 = -1$ $2x_2 = 3;\ x_2 = 1{,}5$ eingesetzt in $x_1 + 2x_3 = 1$ ergibt: $x_1 + 2 \cdot (-1) = 1 \Rightarrow x_1 = 3$	Lösung: (3; 1,5; − 1) oder: $x_1 = 3; x_2 = 1{,}5; x_3 = -1$
b) $\left(\begin{array}{ccc\|c} 1 & 2 & -1 & 4 \\ 0 & 1 & 0 & 1 \\ 0 & 1 & 2 & -2 \end{array}\right)$	$x_2 = 1$ Eingesetzt in $x_2 + 2x_3 = -2$ $1 + 2x_3 = -2;\ x_3 = -1{,}5$ Eingesetzt in $x_1 + 2x_2 - x_3 = 4$: $x_1 + 2 + 1{,}5 = 4;\ x_1 = 0{,}5$	Lösung: (0,5; 1 ; −1,5) oder: $x_1 = 0{,}5; x_2 = 1; x_3 = -1{,}5$

5. Das lineare Gleichungssystem hat unendlich viele Lösungen. Bestimmen Sie die allgemeine Lösung.

a) $\left(\begin{array}{ccc\|c} 1 & -2 & 1 & 0 \\ 0 & 1 & -1 & 2 \\ 0 & 0 & 0 & 0 \end{array}\right)$	Wählen Sie: $x_3 = r$ Eingesetzt in $x_2 - x_3 = 2$: $x_2 = 2 + r$ Eingesetzt in $x_1 - 2x_2 + x_3 = 0$ $x_1 - 2(2 + r) + r = 0$: $x_1 = 4 + r$	Lösung: (4 + r; 2 + r; r) oder: $x_1 = 4 + r; x_2 = 2 + r;$ $x_3 = r$
b) $\left(\begin{array}{ccc\|c} 1 & 1 & 1 & 0 \\ 0 & 1 & 2 & 4 \\ 0 & 0 & 0 & 0 \end{array}\right)$	Wählen Sie: $x_3 = r$ Eingesetzt in $x_2 + 2x_3 = 4$: $x_2 + 2r = 4$, also $x_2 = 4 - 2r$ Eingesetzt in $x_1 + x_2 + x_3 = 0$: $x_1 + 4 - 2r + r = 0;\ x_1 = -4 + r$	Lösung: (−4 + r; 4 − 2r; r) oder: $x_1 = -4 + r; x_2 = 4 - 2r;$ $x_3 = r$
c) $\left(\begin{array}{ccc\|c} 1 & -1 & 1 & 5 \\ 0 & 2 & 0 & 4 \\ 0 & 0 & 0 & 0 \end{array}\right)$	$2x_2 = 4 \Rightarrow x_2 = 2$ Wählen Sie: $x_3 = r$ Eingesetzt in $x_1 - x_2 + x_3 = 5$: $x_1 - 2 + r = 5;\ x_1 = 7 - r$	Lösung: (7 − r; 2; r) oder: $x_1 = 7 - r; x_2 = 2; x_3 = r$

13

6. Ist die dargestellte Umformung beim Gauß-Verfahren korrekt? Beschreiben Sie ansonsten den Fehler.

Umformung	Umformung ist	Fehlerbeschreibung
$\left(\begin{array}{ccc\|c} 1 & 1 & 1 & 5 \\ 1 & 0 & 3 & -1 \\ 0 & 2 & 4 & 2 \end{array}\right)$ | − 1 $\left(\begin{array}{ccc\|c} 1 & 1 & 1 & 5 \\ 0 & -1 & 2 & -2 \\ 0 & 2 & 4 & 2 \end{array}\right)$	☐ richtig. ☒ falsch	Subtraktion von 1 („− 1") in der 2. Zeile ist nicht erlaubt.
$\left(\begin{array}{ccc\|c} 1 & 1 & 1 & 5 \\ 1 & 0 & 3 & -1 \\ 0 & 2 & 4 & 2 \end{array}\right)$ | · 0 $\left(\begin{array}{ccc\|c} 1 & 1 & 1 & 5 \\ 1 & 0 & 3 & -1 \\ 0 & 0 & 0 & 0 \end{array}\right)$	☐ richtig ☒ falsch	Zeilen dürfen nur mit einer Zahl ungleich 0 multipliziert werden.
$\left(\begin{array}{ccc\|c} 1 & 2 & 1 & 5 \\ 0 & -7 & 3 & -1 \\ 0 & -2 & 1 & 3 \end{array}\right)$ $\left(\begin{array}{ccc\|c} 1 & 2 & 1 & 5 \\ 0 & -7 & 3 & -1 \\ 0 & 0 & 2 & 8 \end{array}\right)$	☐ richtig ☒ falsch	Rechenfehler. Man erhält: $\left(\begin{array}{ccc\|c} 1 & 2 & 1 & 5 \\ 0 & -7 & 3 & -1 \\ 1 & 0 & 2 & 8 \end{array}\right)$

7. Ergänzen Sie die Werte in der erweiterten Koeffizientmatrix so, dass das LGS

a) eindeutig lösbar

$\left(\begin{array}{ccc|c} 1 & 0 & -1 & 0 \\ 0 & 1 & 2 & 4 \\ 0 & 0 & 1 & 2 \end{array}\right)$

Lösung:

(− 2;0;2)

b) mehrdeutig lösbar

$\left(\begin{array}{ccc|c} 1 & 1 & 1 & 0 \\ 0 & 1 & 2 & 4 \\ 0 & 0 & 0 & 0 \end{array}\right)$

Lösung:

(− 4+r ; 4− 2r;r)

c) unlösbar ist.

$\left(\begin{array}{ccc|c} 1 & 1 & 1 & 3 \\ 0 & 0 & 2 & -5 \\ 0 & 0 & 0 & 5 \end{array}\right)$

8. Gegeben ist die allgemeine Lösung eines linearen Gleichungssystems. Ist der gegebene Vektor eine Lösung?

allgemeine Lösung	Lösungsvektor?		Lösungsvektor?	
$\vec{x} = \begin{pmatrix} 2r-1 \\ r-1 \\ r \end{pmatrix}; r \in \mathbb{R}$	$\begin{pmatrix} 3 \\ 1 \\ 2 \end{pmatrix}$	☒ ist Lösung ☐ ist keine Lösung	$\begin{pmatrix} -1 \\ -1 \\ 2 \end{pmatrix}$	☐ ist Lösung ☒ ist keine Lösung
$\vec{x} = \begin{pmatrix} -2r \\ 4r \\ -r \end{pmatrix}; r \in \mathbb{R}$	$\begin{pmatrix} 0 \\ 1 \\ -2 \end{pmatrix}$	☐ ist Lösung ☒ ist keine Lösung	$\begin{pmatrix} 2 \\ -4 \\ 1 \end{pmatrix}$	☒ ist Lösung ☐ ist keine Lösung
$\vec{x} = \begin{pmatrix} r \\ r+1 \\ 3 \end{pmatrix}; r \in \mathbb{R}$	$\begin{pmatrix} 3 \\ 4 \\ 3 \end{pmatrix}$	☒ ist Lösung ☐ ist keine Lösung	$\begin{pmatrix} -1 \\ 0 \\ 3 \end{pmatrix}$	☒ ist Lösung ☐ ist keine Lösung

14

9. Dargestellt ist ein LGS in Matrixform. Ordnen Sie dieses bezüglich der Lösbarkeit ein. Begründen Sie Ihre Entscheidung.

a) Anzahl Unbekannte = Anzahl Gleichungen

LGS in Matrixform	Lösbarkeit	Begründung
$\left(\begin{array}{ccc\|c} 1 & 1 & -1 & 0 \\ 0 & 1 & 2 & 4 \\ 0 & 0 & 1 & 0 \end{array}\right)$	☒ eindeutig lösbar ☐ mehrdeutig lösbar ☐ unlösbar	Erweiterte Dreiecksform. Alle Diagonalelemente sind hierbei ungleich 0.
$\left(\begin{array}{ccc\|c} 1 & 1 & 1 & 0 \\ 0 & 1 & 2 & 4 \\ 0 & 0 & 0 & 3 \end{array}\right)$	☐ eindeutig lösbar ☐ mehrdeutig lösbar ☒ unlösbar	Widerspruch in 3. Zeile.
$\left(\begin{array}{ccc\|c} 1 & 1 & 1 & 3 \\ 0 & 0 & 2 & -5 \\ 0 & 0 & -1 & 2{,}5 \end{array}\right)$	☐ eindeutig lösbar ☒ mehrdeutig lösbar ☐ unlösbar	2. Zeile und 3. Zeile: $x_3 = -2{,}5$ x_1 oder x_2 kann beliebig gewählt werden.
$\left(\begin{array}{ccc\|c} 0 & 1 & 1 & 0 \\ 0 & 2 & 0 & -1 \\ 0 & 0 & 4 & 2 \end{array}\right)$	☐ eindeutig lösbar ☒ mehrdeutig lösbar ☐ unlösbar	2. Zeile: $x_2 = -0{,}5$ 3. Zeile: $x_3 = 0{,}5$ Einsetzen in 1. Zeile führt auf eine wahre Aussage.
$\left(\begin{array}{ccc\|c} 1 & 1 & 1 & 5 \\ 1 & 0 & 3 & -1 \\ 0 & 0 & 1 & 2 \end{array}\right)$	☒ eindeutig lösbar ☐ mehrdeutig lösbar ☐ unlösbar	Erweiterte Dreiecksform. $\left(\begin{array}{ccc\|c} 1 & 1 & 1 & 5 \\ 0 & -1 & 2 & -6 \\ 0 & 0 & 1 & 2 \end{array}\right)$
$\left(\begin{array}{ccc\|c} 1 & 1 & 1 & 5 \\ 2 & 2 & 2 & 1 \\ 3 & 3 & 3 & 0 \end{array}\right)$ $\cdot(-3)$	☐ eindeutig lösbar ☐ mehrdeutig lösbar ☒ unlösbar	$\cdot(-3)$ ergibt: (0 0 0 | − 15)

b) Anzahl Unbekannte < Anzahl Gleichungen

LGS in Matrixform	Lösbarkeit	Begründung
$\left(\begin{array}{cc\|c} 1 & 2 & 1 \\ 2 & 4 & 2 \\ 3 & 6 & -3 \end{array}\right)$ $\cdot(-3)$	☐ eindeutig lösbar ☐ mehrdeutig lösbar ☒ unlösbar	$\cdot(-3)$ ergibt: $\left(\begin{array}{cc\|c} 1 & 2 & 1 \\ 2 & 4 & 2 \\ 0 & 0 & -6 \end{array}\right)$
$\left(\begin{array}{cc\|c} 1 & 2 & 2 \\ 0 & -1 & 2 \\ 0 & 2 & 4 \end{array}\right)$	☐ eindeutig lösbar ☐ mehrdeutig lösbar ☒ unlösbar	2. Zeile: $x_2 = -2$ 3. Zeile: $x_2 = 2$

c) Anzahl Unbekannte > Anzahl Gleichungen

LGS in Matrixform	Lösbarkeit	Begründung
$\left(\begin{array}{ccc\|c} 1 & 1 & -1 & 0 \\ 0 & 1 & 2 & 4 \end{array}\right)$	☐ eindeutig lösbar ☒ mehrdeutig lösbar ☐ unlösbar	Eine Unbekannte ist frei wählbar.
$\left(\begin{array}{ccc\|c} 1 & 1 & -1 & 4 \\ 2 & 2 & -2 & 4 \end{array}\right)$ $\cdot(-2)$	☐ eindeutig lösbar ☐ mehrdeutig lösbar ☒ unlösbar	$\cdot(-2)$ ergibt: (0 0 0 | − 4)

15

III Differenzialrechnung

1 Differenzialquotient und Ableitung

1. Bestimmen Sie die mittlere Änderungsrate auf [a; b].

$f(x) = (x+1)^2$; [0; 2]	$\frac{f(2)-f(0)}{2-0} = \frac{9-1}{2} = 4$
$f(x) = 6x - 2x^3$; [1; 3]	$\frac{f(3)-f(1)}{3-1} = \frac{-36-4}{2} = -20$
$f(x) = 3e^{\frac{1}{2}x}$; [− 1; 2]	$\frac{f(2)-f(-1)}{2-(-1)} = \frac{3e-3e^{-0,5}}{3} = 2{,}11$
$f(x) = 2\sin(2x)$; [0; $\frac{\pi}{4}$]	$\frac{f(\frac{\pi}{4})-f(0)}{\frac{\pi}{4}-0} = \frac{2-0}{\frac{\pi}{4}} = \frac{8}{\pi}$
$f(x) = 9$; [− 5; 3]	$\frac{f(3)-f(-5)}{3+5} = \frac{9-9}{8} = 0$
$f(x) = x^4 - x^2$; [− 2; 0]	$\frac{f(0)-f(-2)}{0+2} = \frac{0-12}{2} = -6$

2. Bestimmen Sie die momentane Änderungsrate in x_0.

$f(x) = x^2 + 2;\ x_0 = 2$	$\frac{f(2+h)-f(2)}{h} = \frac{(2+h)^2+2-6}{h} = \frac{h^2+4h}{h} = h + 4$ $h + 4 \to 4$ für $h \to 0$ $m_t = f'(2) = 4$
$f(x) = 6x^2 - 2$; $x_0 = 1$	$\frac{f(1+h)-f(1)}{h} = \frac{6(1+h)^2-2-4}{h} = \frac{6h^2+12h}{h} = 6h + 12$ $6h + 12 \to 12$ für $h \to 0$ $m_t = f'(1) = 12$
$f(x) = x^2 - x$; $x_0 = 0$	$\frac{f(h)-f(0)}{h} = \frac{h^2-h}{h} = h - 1$; $h - 1 \to -1$ für $h \to 0$ $m_t = f'(0) = -1$

3. Für eine Funktion f gilt folgende Bedingung. Welche Aussagen lassen sich daraus für das Schaubild K von f treffen?

$f'(2) = -3$	K hat in x = 2 die Steigung − 3.
$f'(4) = 0$	K hat in x = 4 die Steigung 0, eine waagrechte Tangente.
$f'(x) > 0;\ x \in \mathbb{R}$	K ist steigend.
$f(-1) = 0$	P(− 1| 0) liegt auf K.
$f(4) < 0$	Der Kurvenpunkt Q(4| f(4)) liegt unterhalb der x-Achse.
$f'(-2) = -1$	K hat in x = − 2 die Steigung − 1.
$f(3) = 4 \underset{\text{und}}{\wedge} f'(3) = 0$	K hat in P(3| 4) eine waagrechte Tangente.
$f'(x) = 1$	An der Stelle x hat K die Steigung 1.

4. Bestimmen Sie die mittlere Änderungsrate von f auf [1; 3] und die momentane Änderungsrate in $x_0 = 1$ mithilfe der Abbildung.

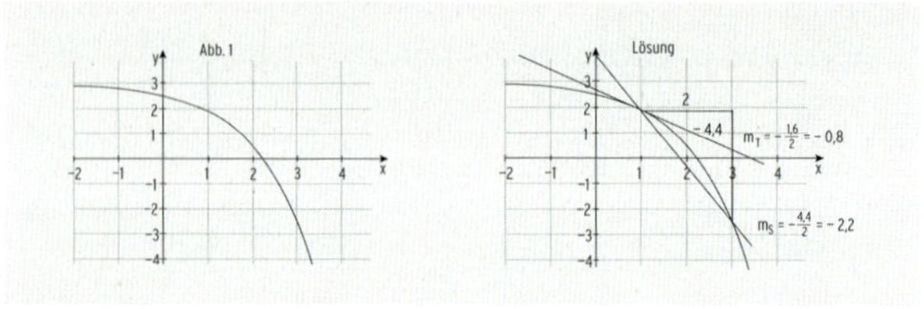

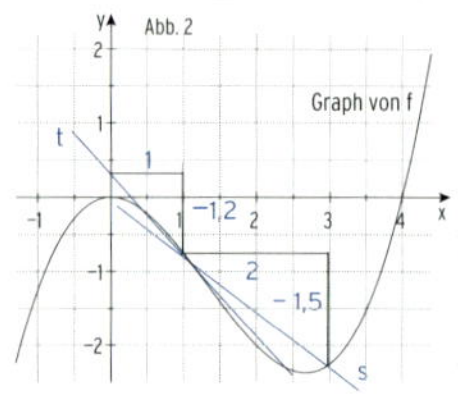

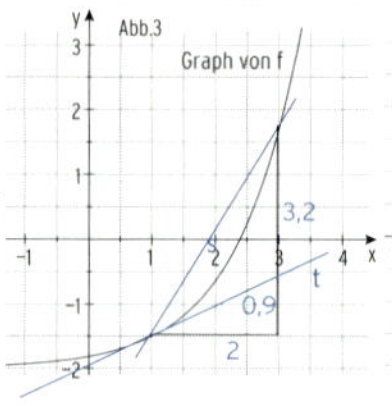

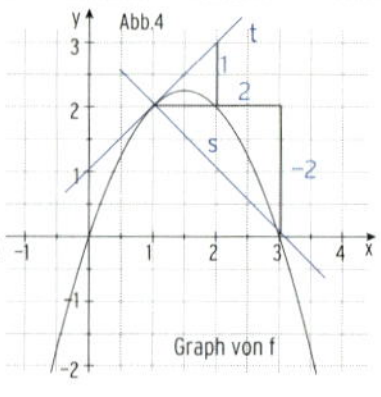

$m_s = -0{,}75$ $m_t = -1{,}2$ $m_s = 1{,}6$ $m_t = 0{,}45$ $m_s = -1$ $m_t = 1$

5. Die Abbildung zeigt das Schaubild K einer Funktion f. Beantworten Sie folgende Fragen.
   a) An welchen Stellen hat K eine waagrechte Tangente?
   b) An welchen Stellen hat K die Steigung 2?
   c) Auf welchem Bereich sind die Steigungen von K negativ?

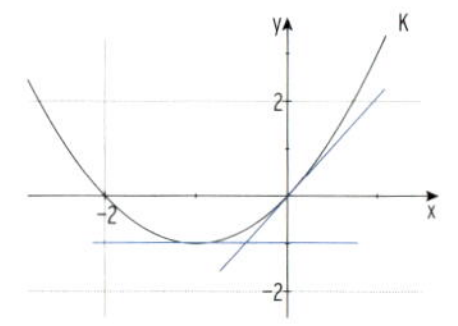

Lösung:
a) $f'(-1) = 0$; K von f hat in x =− 1 eine waagrechte Tangente.
b) K hat die Steigung 2 in x = 0 .
c) Steigungen negativ für x < − 1

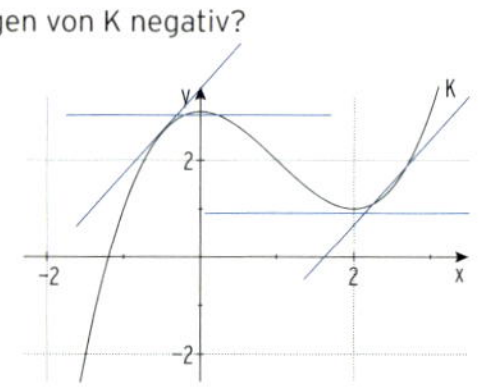

Lösung:
a) $f'(0) = 0$; $f'(2) = 0$; K hat in x = 0 und in x = 2 eine waagrechte Tangente.
b) Steigung 2 für x = 2,5; x = −0,7.
c) Steigungen negativ für 0 < x < 2

6. Gegeben sind die Schaubilder der Funktion f und der zugehörigen Ableitungsfunktion f′. Entscheiden Sie, ob die Aussagen wahr oder falsch sind.

a)

$f(-1) > f(1)$ — ☒ wahr ☐ falsch

$f(0) > f'(0)$ — ☐ wahr ☒ falsch

Es gibt keinen Punkt auf K_f, in dem K_f eine Steigung von − 3 aufweist. — ☐ wahr ☒ falsch

Im Schnittpunkt mit der y-Achse hat K_f die Steigung − 2. — ☒ wahr ☐ falsch

$f(2) \cdot f'(2) < 0$ — ☒ wahr ☐ falsch

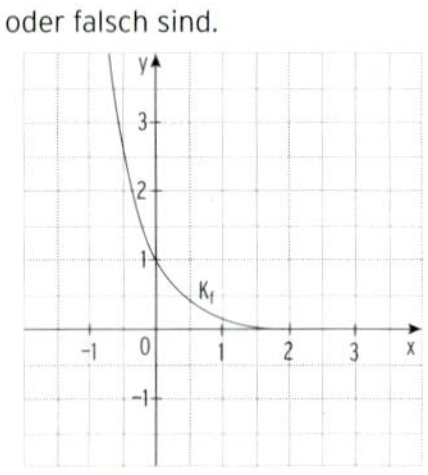

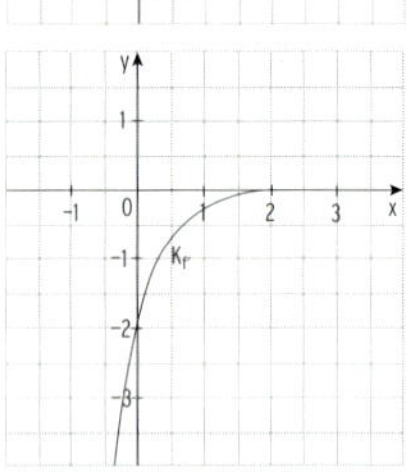

b)

K_f ist bei x = 1 steiler als die Gerade mit y = − 0,5x + 2. — ☒ wahr ☐ falsch

Die momentane Änderungsrate von f ist bei x=0 negativ. — ☒ wahr ☐ falsch

$f(1) > f'(1)$ — ☐ wahr ☒ falsch

Es gibt einen Punkt auf K_f mit y-Wert 2, in dem K_f eine Steigung von − 1 hat. — ☒ wahr ☐ falsch

Die mittlere Änderungsrate auf [− 2; − 1] ist größer als die momentane Änderungsrate in x= − 2. — ☐ wahr ☒ falsch

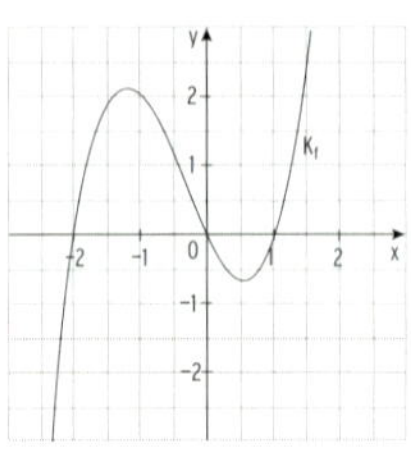

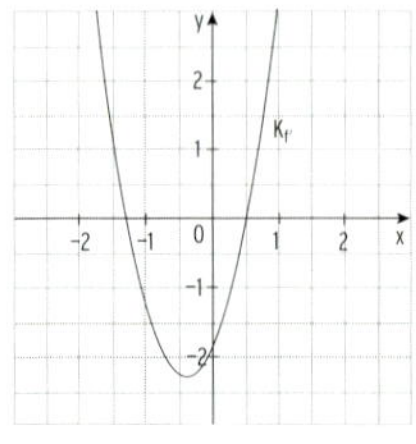

7. Bilden Sie die erste Ableitung.

$f(x) = 2\cos(x) + 1$	$f'(x) = -2\sin(x)$
$f(x) = -3\sin(x) - x$	$f'(x) = -3\cos(x) - 1$
$f(x) = \frac{1}{4}x^3 + x^4 + 3$	$f'(x) = \frac{3}{4}x^2 + 4x^3$
$f(x) = \frac{1}{32}x^3 + x^2 + x - 4$	$f'(x) = \frac{3}{32}x^2 + 2x + 1$
$f(x) = 5e^x + 2x - 1$	$f'(x) = 5e^x + 2$
$f(x) = ae^x + b$	$f'(x) = ae^x$

8. Bilden Sie die erste Ableitung mithilfe der Kettenregel.

$f(x) = 2\sin(3x)$	$f'(x) = 3 \cdot 2\cos(3x) = 6\cos(3x)$
$f(x) = \frac{5}{3}e^{-4x}$	$f'(x) = -\frac{20}{3}e^{-4x}$
$f(x) = -0{,}25e^{8x} + 2$	$f'(x) = -2e^{8x}$
$f(x) = -1{,}2e^{-3x} + x^3$	$f'(x) = -3 \cdot (-1{,}2e^{-3x}) + 3x^2 = 3{,}6e^{-3x} + 3x^2$
$f(x) = 2ae^{bx} + c$	$f'(x) = 2abe^{bx}$
$f(x) = -\pi\cos(0{,}5x)$	$f'(x) = 0{,}5\pi\sin(0{,}5x)$
$f(x) = x - \sin(0{,}3\pi x)$	$f'(x) = 1 - 0{,}3\pi\cos(0{,}3\pi x)$
$f(x) = \frac{9}{5}e^{-x} + x^2$	$f'(x) = -\frac{9}{5}e^{-x} + 2x$
$f(x) = 4\sin(2x) + 1$	$f'(x) = 8\cos(2x)$
$f(x) = 1 - 2\cos(2x)$	$f'(x) = 4\sin(2x)$
$f(x) = 4\cos(\frac{x}{\pi})$	$f'(x) = -\frac{4}{\pi}\sin(\frac{x}{\pi})$

9. Bilden Sie die erste und die zweite Ableitung.

$f(x) = 2\cos(4x) + 2x$	$f'(x) = -8\sin(4x) + 2$	$f''(x) = -32\cos(4x)$
$f(x) = 6e^{2x} - x^2$	$f'(x) = 12e^{2x} - 2x$	$f''(x) = 24e^{2x} - 2$
$f(x) = \frac{1}{4}\cos(3x)$	$f'(x) = -\frac{3}{4}\sin(3x)$	$f''(x) = -\frac{9}{4}\cos(3x)$
$f(x) = \frac{1}{16}(x^4 + x^2 - 8)$	$f'(x) = \frac{1}{16}(4x^3 + 2x)$	$f''(x) = \frac{1}{16}(12x^2 + 2)$

10. Entscheiden Sie, ob hier richtig oder falsch abgeleitet wurde. Beschreiben Sie gegebenenfalls kurz, worin der Fehler besteht.

Funktionsterme	richtig falsch	richtig wäre ...	Was wurde nicht beachtet?
$f(x) = 2x^4 + 2x^2$ $f'(x) = 8x^4 + 4x^2$	☐ (r) ☒ (f)	$f'(x) = 8x^3 + 4x$	Potenzregel: $(x^4)' = 4x^3$
$f(x) = 3x^6 - 3x^4 + x$ $f'(x) = 18x^5 - 12x^3$	☐ (r) ☒ (f)	$f'(x) = 18x^5 - 12x^3 + 1$	x wird beim Ableiten zu 1; $(x)' = 1$
$f(x) = \frac{1}{2}e^{2x}$ $f'(x) = e^{2x}$	☒ (r) ☐ (f)	$f'(x) =$	
$f(x) = \sin(2x) + 1$ $f'(x) = \cos(2x)$	☐ (r) ☒ (f)	$f'(x) = 2\cos(2x)$	Kettenregel $(\sin(2x))' = 2\cos(2x)$
$f(x) = e^{2x} - x^2$ $f'(x) = e^{2x} - 2x$	☐ (r) ☒ (f)	$f'(x) = 2e^{2x} - 2x$	Kettenregel $(e^{2x})' = 2e^{2x}$
$f(x) = \cos(\pi x)$ $f'(x) = \sin(\pi x)$	☐ (r) ☒ (f)	$f'(x) = -\pi\sin(\pi x)$	Kettenregel $(\cos(\pi x))' = -\pi\sin(\pi x)$
$f(x) = \frac{1}{x^2}$ $f'(x) = \frac{1}{2x}$	☐ (r) ☒ (f)	$f'(x) = -\frac{2}{x^3}$	$f(x) = x^{-2}$; Potenzregel
$f(x) = 2x(x^3 + 4x^2)$ $f'(x) = 2(3x^2 + 8x)$	☐ (r) ☒ (f)	$f'(x) = 8x^3 + 24x^2$	zuerst ausmultiplizieren: $f(x) = 2x^4 + 8x^3$

11. Sind die Aussagen wahr (w) oder falsch (f)?

Der Funktionswert von f mit $f(x) = x^2 + 1$; $x \in \mathbb{R}$, entspricht an jeder Stelle x der Steigung des Graphen der Ableitungsfunktion.	☐ (w)	☒ (f)
Der y-Wert f'(x) entspricht an jeder Stelle x der Steigung des Graphen der Funktion f.	☒ (w)	☐ (f)
Die Ableitungsfunktion einer linearen Funktion ist eine konstante Funktion.	☒ (w)	☐ (f)
Es gibt keine zwei Funktionen, welche beide die gleiche Ableitungsfunktion haben. (z.B.: $f(x) = 4x + 8$; $f(x) = 4x + 5$)	☐ (w)	☒ (f)

2 *Tangente und Normale*

1. Berechnen Sie die Gleichung der Tangente an das Schaubild von f an der Stelle x = u.

$f(x) = 3x - 2x^2$ $u = -2$	$f(-2) = 3\cdot(-2) - 2\cdot(-2)^2 = -14$ $f'(x) = 3 - 4x$; $f'(-2) = 3 - 4(-2) = 11$; also $m_t = 11$ Tangentengleichung: $y = 11x + b$ Punktprobe mit $B(-2 \mid -14)$: $-14 = 11\cdot(-2) + b \Rightarrow b = 8$ Tangentengleichung: $y = 11x + 8$
$f(x) = x - 2e^{0,25x}$ $u = 4$	$f'(x) = 1 - 0{,}5e^{0,25x}$; $f'(4) = 1 - 0{,}5e$; also $m_t = 1 - 0{,}5e$ Tangentengleichung: $y = (1 - 0{,}5e)x + b$ $f(4) = 4 - 2e$; Punktprobe mit $B(4 \mid 4 - 2e)$: $4 - 2e = (1 - 0{,}5e)\cdot 4 + b \Rightarrow b = 0$ Tangentengleichung: $y = (1 - 0{,}5e)x$
$f(x) = \frac{1}{2}\sin(3x) + 1$ $u = \frac{\pi}{6}$	$f'(x) = 1{,}5\cos(3x)$; $f'(\frac{\pi}{6}) = 0$; also $m_t = 0$ Tangentengleichung: $y = b$ (waagrechte Tangente) $f(\frac{\pi}{6}) = \frac{3}{2}$; Die Tangente verläuft durch $B(\frac{\pi}{6} \mid \frac{3}{2})$, also $b = \frac{3}{2}$ Tangentengleichung: $y = \frac{3}{2}$

2. Berechnen Sie die Gleichung der Normale an das Schaubild von f an der Stelle x = u.

$f(x) = x^3 - x^2$ $u = -1$ $m_n = -\frac{1}{m_t}$	$f(-1) = (-1)^3 - (-1)^2 = -2$ $f'(x) = 3x^2 - 2x$; $f'(-1) = 3\cdot(-1)^2 - 2(-1) = 5 \Rightarrow m_n = -\frac{1}{5}$ Normalengleichung: $y = -\frac{1}{5}x + b$ Punktprobe mit $B(-1 \mid -2)$: $-2 = -\frac{1}{5}\cdot(-1) + b \Rightarrow b = -\frac{11}{5}$ Normalengleichung: $y = -\frac{1}{5}x - \frac{11}{5}$
$f(x) = 3 - 2e^{-x}$ $u = 0$	$f(0) = 3 - 2 = 1$ $f'(x) = 2e^{-x}$; $f'(0) = 2 \Rightarrow m_n = -\frac{1}{2}$ Normalengleichung: $y = -\frac{1}{2}x + b$ Punktprobe mit $B(0 \mid 1)$: $1 = -\frac{1}{2}\cdot(0) + b \Rightarrow b = 1$ Normalengleichung: $y = -\frac{1}{2}x + 1$
$f(x) = 2\cos(2x) + 2$ $u = \frac{\pi}{4}$	$f(\frac{\pi}{4}) = 2$ $f'(x) = -4\sin(2x)$; $f'(\frac{\pi}{4}) = -4 \Rightarrow m_n = \frac{1}{4}$ Normalengleichung: $y = \frac{1}{4}x + b$ Punktprobe mit $B(\frac{\pi}{4} \mid 2)$: $2 = \frac{1}{4}\cdot\frac{\pi}{4} + b \Rightarrow b = 2 - \frac{\pi}{16}$ Normalengleichung: $y = \frac{1}{4}x + 2 - \frac{\pi}{16}$

3. Gezeichnet ist das Schaubild einer Funktion h mit der Definitionsmenge D = [– 1; 8]. Prüfen Sie für jede der folgenden Aussagen, ob sie wahr oder falsch ist.

$h'(1) < 0$	☒ (w)	☐ (f)
Das Schaubild von h' geht durch den Punkt Q(2 | 0).	☐ (w)	☒ (f)
$h'(7) = -0{,}5$	☐ (w)	☒ (f)
Es gibt ein $x \in D$ für das gilt: $h'(x) = 0$.	☒ (w)	☐ (f)
Die Gleichung $h'(x) = 1$ hat eine Lösung.	☐ (w)	☒ (f)

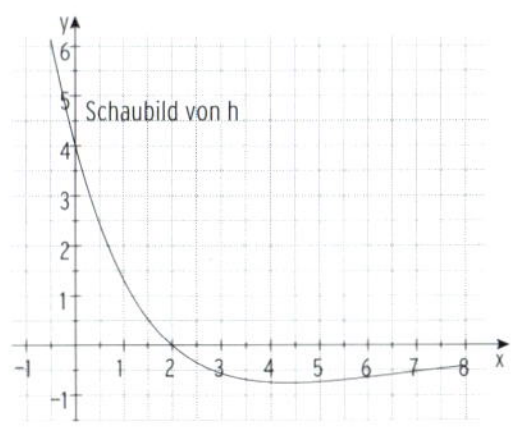

4. Berührt das Schaubild K von f mit $f(x) = \frac{1}{16}x^4 - \frac{1}{2}x^2 + 1$; $x \in \mathbb{R}$, die x-Achse? Begründen Sie durch Rechnung. Skizzieren Sie das Schaubild von f.

Lösung: $f'(x) = \frac{1}{4}x^3 - x$
Stellen mit waagrechter Tangente: $f'(x) = 0$
Ausklammern: $x(\frac{1}{4}x^2 - 1) = 0 \Leftrightarrow x = 0 \vee x = \pm 2$
Mit $f(0) = 1$ und $f(\pm 2) = 0$ ergibt sich:
K berührt die x-Achse in $x = \pm 2$.

Hinweis: $f(x) = 0$ ergibt zwei doppelte Lösungen in $x = \pm 2$ (durch Substitution).

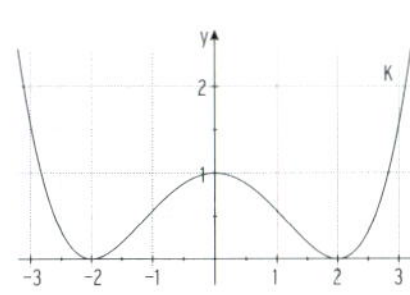

5. Berühren sich das Schaubild von f mit $f(x) = -\frac{1}{2}x^2 + 2$; $x \in \mathbb{R}$, und das Schaubild von g mit $g(x) = e^{2-x} + x - e + 0{,}5$; $x \in \mathbb{R}$, in $x_0 = 1$? Begründen Sie rechnerisch.

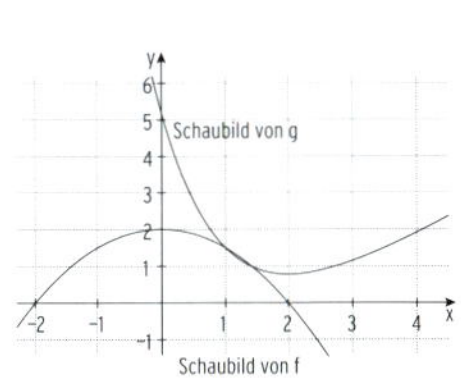

Lösung:
$f(1) = 1{,}5$; $g(1) = 1{,}5$
gemeinsamer Punkt $S(1 \mid 1{,}5)$
$f'(x) = -x$; $f'(1) = -1$
$g'(x) = -e^{2-x} + 1$; $g'(1) = -e^1 + 1 \neq -1$
Die Schaubilder berühren sich nicht.

6. Zeigen Sie: Das Schaubild K von f mit $f(x) = x^2(x^2 - 5)$; $x \in \mathbb{R}$, und das Schaubild G von g mit $g(x) = 3x^2 - 16$; $x \in \mathbb{R}$, haben genau zwei gemeinsame Punkte. Welche besonderen Eigenschaften liegen vor?

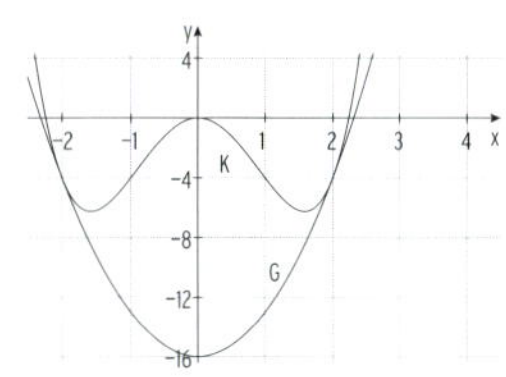

$f'(x) = 4x^3 - 10x$; $g'(x) = 6x$

Lösung:
Gemeinsame Punkte: $f(x) = g(x)$
$x^4 - 5x^2 = 3x^2 - 16 \Leftrightarrow x^4 - 8x^2 + 16 = 0$
Lösung durch Substitution oder Anwendung einer Binomischen Formel: $(x^2 - 4)^2 = 0$
Zwei doppelte Schnittstellen $x = \pm 2$
also zwei Berührstellen.
Probe durch Vergleich der Steigungen:
$f'(2) = g'(2) = 12$; $f'(-2) = g'(-2) = -12$

7. Schneiden sich die Schaubilder von f mit $f(x) = 1{,}5e^{2x} + 3$; $x \in \mathbb{R}$, und g mit $g(x) = x^2 - \frac{1}{3}x + \frac{9}{2}$; $x \in \mathbb{R}$, senkrecht? Begründen Sie durch eine Rechnung.

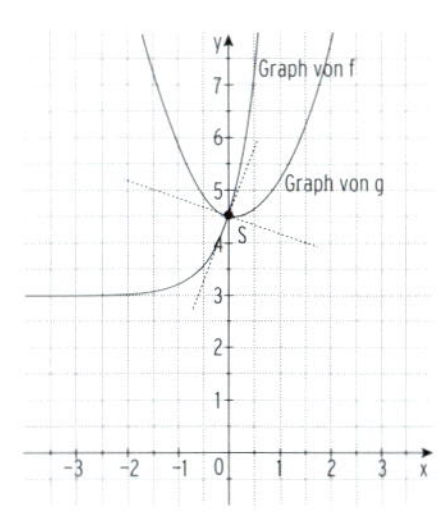

Lösung:

Gemeinsamer Punkt: $S(0 \mid 4{,}5)$
$f'(x) = 3e^{2x}$; $g'(x) = 2x - \frac{1}{3}$
$f'(0) = 3$; $g'(0) = -\frac{1}{3}$
$3\cdot(-\frac{1}{3}) = -1$
Die Schaubilder schneiden sich auf der y-Achse senkrecht.

8. Das Fahrzeug bricht in $x_0 = 10$ aus.
Trifft es das Hindernis im Punkt P(20 I 0,25)?

Skizze:

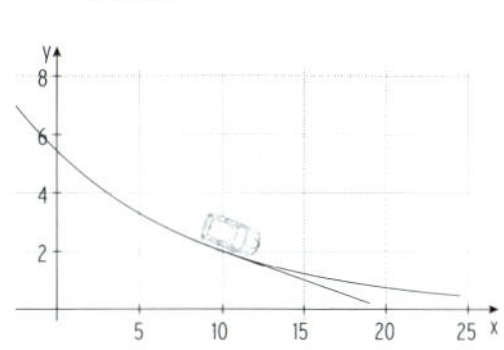

$f(x) = 5{,}5e^{-0,1x}$; $f'(x) = -0{,}55e^{-0,1x}$

Tangente in B(10 I 2): $f'(10) = -0{,}2$; $f(10) = 2{,}0$

Tangentengleichung: $y = -0{,}2x + b$
Punktprobe mit B: $2 = -0{,}2\cdot 10 + b$
$b = 4$
Tangentengleichung: $y = -0{,}2x + 4$

Punktprobe mit P: $0{,}25 = -0{,}2\cdot 20 + 4$
$0{,}25 = 0$ falsch
Es trifft das Hindernis im Punkt P nicht.

3 Grafisches Differenzieren

1. Zeichnen Sie das Schaubild der 1. Ableitungsfunktion.

Abb. 1

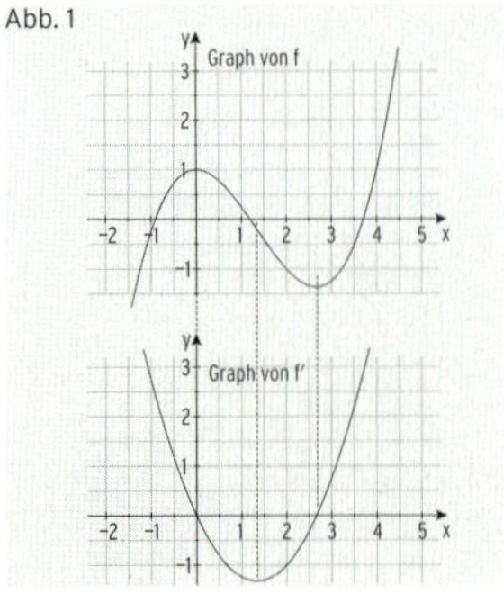

Abb. 2

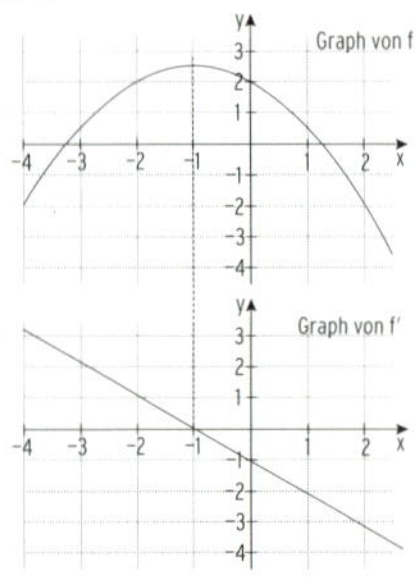

Abb. 3

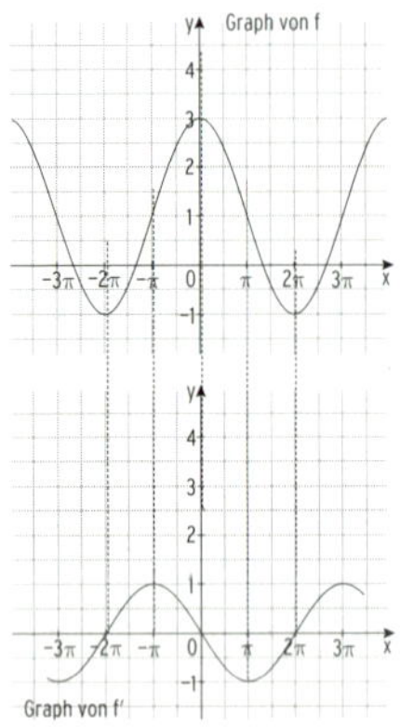

Abb. 4

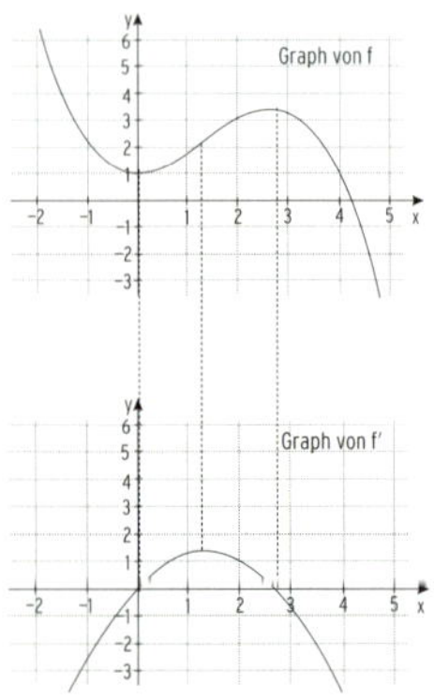

2. Die folgenden Abbildungen 1 und 2 zeigen die Schaubilder einer Funktion und ihrer Ableitungsfunktion. Welches Schaubild gehört zur Funktion, welches zur Ableitungsfunktion? Begründen Sie Ihre Entscheidung.

Abb. 1

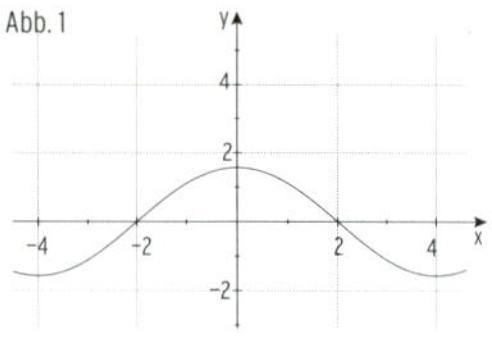

Abb. 2

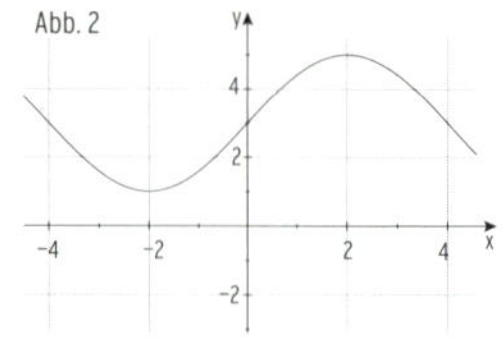

Zuordnung: Abb. 2: Funktion f; Abb. 1: Ableitungsfunktion f'

Begründung: In $x = 0$ hat f (Abb. 2) eine Steigung von etwa 1,5,
f' hat den Funktionswert 1,5; $f'(0) \approx 1{,}5$ (Abb. 1).
In $x = 2$ bzw. in $x = -2$ hat der Graph der Funktion f eine waagrechte Tangente, der Graph der Funktion f' einen gemeinsamen Punkt mit der x-Achse.

3. Die Abbildungen zeigen die Schaubilder K von f, G von g und H von h und die Schaubilder der zugehörigen Ableitungsfunktionen. Ordnen Sie zu und begründen Sie.

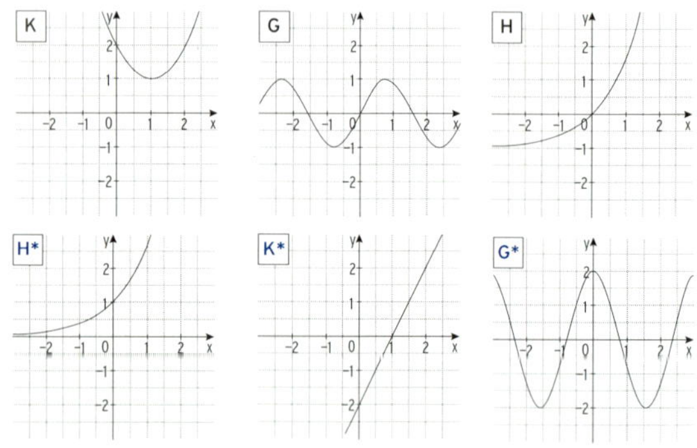

Begründung, z.B.: In $x = 1$: K hat eine waagrechte Tangente; K* von f': $f'(1) = 0$
In $x = 0$: G hat die Steigung 2; G* von g': $g'(0) = 2$
H hat nur positive Steigungen (H ist steigend); H* verläuft oberhalb der x-Achse.

4 Extrem-und Wendepunkte

Monotonie

1. Bestimmen Sie die Monotoniebereiche von f mit Hilfe der Abbildung.

Abb. 1

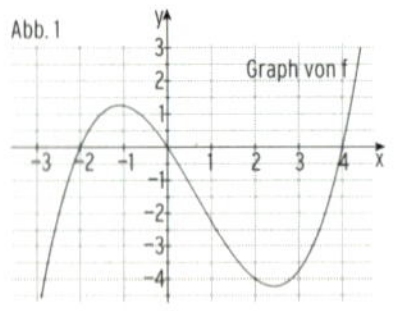

Abb. 2

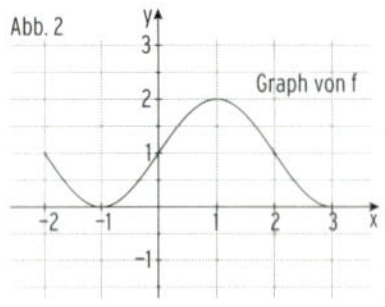

Abb. 3

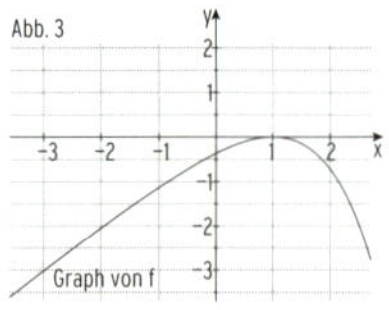

Abb. 1: mon. wachsend für $x \leq -1{,}2$ oder $x \geq 2{,}5$
mon. fallend für $-1{,}2 \leq x \leq 2{,}5$

Abb. 2: mon. wachsend für $-1 \leq x \leq 1$
mon. fallend für $x \leq -1$ oder $x \geq 1$

Abb. 3: mon. wachsend für $x \leq 1$
mon. fallend für $x \geq 1$

2. Zeigen Sie, f mit $f(x) = x^2 - 2x$; $x \in \mathbb{R}$, ist auf [1; 5] monoton wachsend.

Ableitung: $f'(x) = 2x - 2$

$f'(x) = 0$ für $x = 1$ (einzige Lösung, mit VZW)

Wegen $f'(2) = 2 > 0$ ist f für $x > 1$ monoton wachsend, also auf [1; 5] monoton wachsend.

3. Zeigen Sie, f mit $f(x) = -x^3 + 2x^2 - 3$; $x \in \mathbb{R}$, ist für $x < 0$ monoton fallend.

Ableitung: $f'(x) = -3x^2 + 4x$

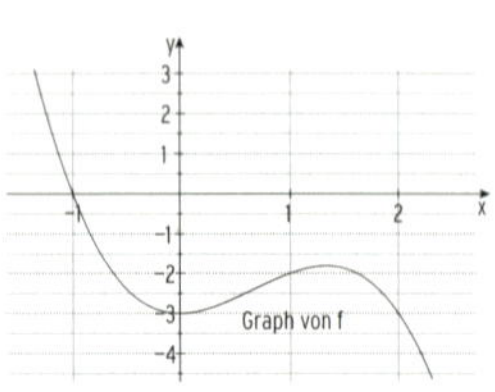

$f'(x) = 0$ $\quad x(-3x + 4) = 0$

Satz vom Nullprodukt: $x_1 = 0$; $x_2 = \frac{4}{3}$

Mit $f'(-1) = -7 < 0$ ist f für $x \leq 0$

monoton fallend.

4. Zeigen Sie, f mit $f(x) = \frac{1}{4}e^{-2x} + 1$; $x \in \mathbb{R}$, ist auf $\mathbb{R}$ monoton fallend.

Ableitung: $f'(x) = -\frac{1}{2}e^{-2x}$

Wegen $e^{-2x} > 0$ ist $f'(x) < 0$ für $x \in \mathbb{R}$.

f ist auf $\mathbb{R}$ monoton fallend.

Extrempunkte

5. Gegeben ist die Funktion f. Das Schaubild von f heißt K. Berechnen Sie die Koordinaten der Hoch- und Tiefpunkte von K.

$f(x) = 2x^2 - 2x^3 + 1$; $x \in \mathbb{R}$ 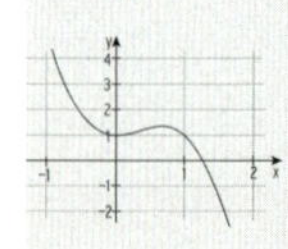	$f'(x) = 4x - 6x^2$; $f''(x) = 4 - 12x$	
	Notwendige Bedingung: $f'(x) = 0$	$4x - 6x^2 = 0$
	Ausklammern:	$x(4 - 6x) = 0$
	Satz vom Nullprodukt:	$x = 0 \vee 4 - 6x = 0$
	Stellen mit waagrechter Tangente:	$x = 0 \vee x = \frac{2}{3}$
	Mit $f''(0) = 4 > 0$ und $f(0) = 1$:	$T(0 \mid 1)$
	Mit $f''(\frac{2}{3}) = -4 < 0$ und $f(\frac{2}{3}) = \frac{35}{27}$:	$H(\frac{2}{3} \mid \frac{35}{27})$
$f(x) = \frac{x^4}{4} - x^2$; $x \in \mathbb{R}$ 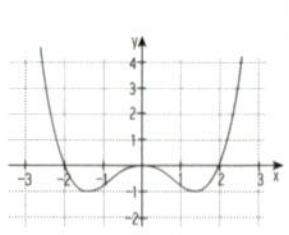	$f'(x) = x^3 - 2x$; $f''(x) = 3x^2 - 2$	
	Notwendige Bedingung: $f'(x) = 0$	$x^3 - 2x = 0$
	Satz vom Nullprodukt:	$x(x^2 - 2) = 0$
	Stelle mit waagrechter Tangente:	$x = 0 \vee x = \pm\sqrt{2}$
	Mit $f''(0) = -2 < 0$ und $f(0) = 0$:	$H(0 \mid 0)$
	Mit $f''(\pm\sqrt{2}) = 4 > 0$ und $f(\pm\sqrt{2}) = -1$:	$T_{1\mid2}(\pm\sqrt{2} \mid -1)$
$f(x) = x - 2e^{0{,}25x}$; $x \in \mathbb{R}$ 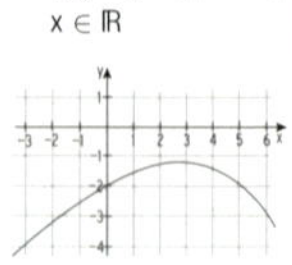	$f'(x) = 1 - 0{,}5e^{0{,}25x}$; $f''(x) = -\frac{1}{8}e^{0{,}25x}$	
	Notwendige Bedingung: $f'(x) = 0$	$1 - 0{,}5e^{0{,}25x} = 0$ $e^{0{,}25x} = 2$
	Logarithmieren:	$0{,}25x = \ln(2)$
	Stelle mit waagrechter Tangente:	$x = 4\ln(2)$
	Mit $f''(x) < 0$ und $f(4\ln(2)) = 4\ln(2) - 4$:	$H(4\ln(2) \mid 4\ln(2) - 4)$
$f(x) = \sin(2x) + 1$; $x \in [0; \pi]$ 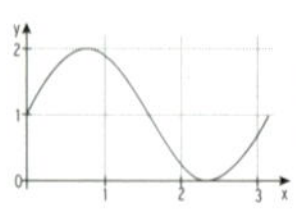	$f'(x) = 2\cos(2x)$; $f''(x) = -4\sin(2x)$	
	Notwendige Bedingung: $f'(x) = 0$	$2\cos(2x) = 0$ $\cos(2x) = 0$ $2x = \pm\frac{\pi}{2}; \pm\frac{3\pi}{2}; \ldots$
	Stellen mit waagrechter Tangente:	$x = \pm\frac{\pi}{4}; \pm\frac{3\pi}{4}; \ldots$
	$\frac{\pi}{4}$ und $\frac{3\pi}{4}$ liegen im gegebenen Intervall.	
	Mit $f''(\frac{\pi}{4}) = -4 < 0$ und $f(\frac{\pi}{4}) = 2$:	$H(\frac{\pi}{4} \mid 2)$
	Mit $f''(\frac{3\pi}{4}) = 4 > 0$ und $f(\frac{3\pi}{4}) = 0$:	$T(\frac{3\pi}{4} \mid 0)$

Krümmung

6. Bestimmen Sie die Krümmungsbereiche des Graphen von f mit Hilfe der Abbildung.

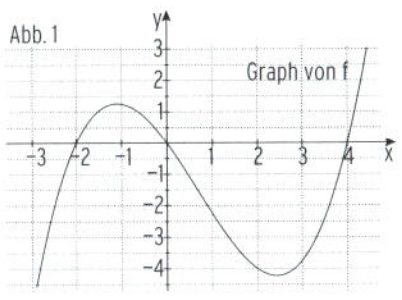

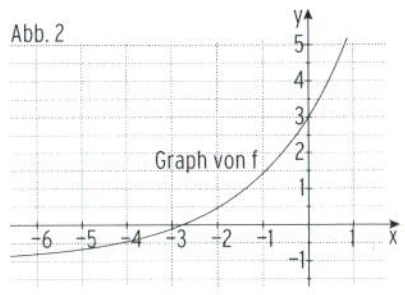

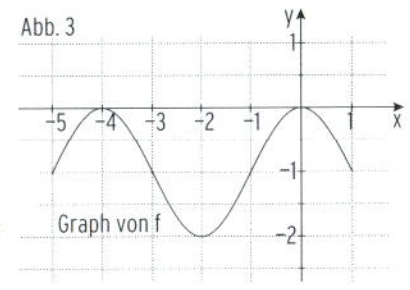

Abb. 1: Der Graph ist eine Rechtskurve für $x < 1$, eine Linkskurve für $x > 1$.

Abb. 2: Der Graph ist eine Linkskurve für $x \in \mathbb{R}$.

Abb. 3: Der Graph ist eine Rechtskurve für $-5 < x < -3$ und für $-1 < x < 1$, eine Linkskurve für $-3 < x < -1$.

7. Gegeben ist die Funktion f mit $f(x) = x^3 - 2x^2 - 3x$; $x \in \mathbb{R}$. Untersuchen Sie das Schaubild von f auf Krümmung.

Ableitungen: $f'(x) = 3x^2 - 4x - 3$; $f''(x) = 6x - 4$; $f'''(x) = 6 \neq 0$
$f''(x) = 0$ für $x = \frac{2}{3}$ einzige einfache Lösung, also mit VZW (Krümmungswechsel)
Wegen $f''(0) = -4$ ist das Schaubild von f für $x < \frac{2}{3}$ rechtsgekrümmt;
für $x > \frac{2}{3}$ linksgekrümmt;

8. Zeigen Sie, das Schaubild von f mit $f(x) = \frac{1}{4}(x^4 - 8x^2 - 1)$; $x \in \mathbb{R}$, ist für $x \in [-1; 1]$ rechtsgekrümmt.

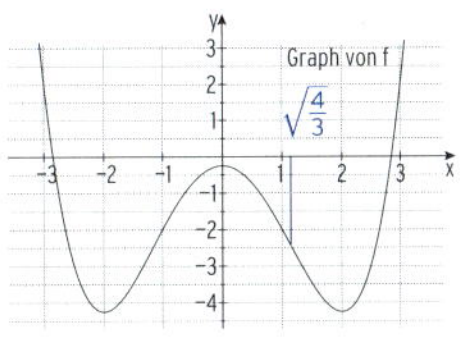

Ableitungen: $f'(x) = x^3 - 4x$;
$f''(x) = 3x^2 - 4$; $f'''(x) = 6x$
$f''(x) = 0 \quad x^2 = \frac{4}{3} \Rightarrow x = \pm\sqrt{\frac{4}{3}}$ (einfache Nullstellen von f''; $\sqrt{\frac{4}{3}} > 1$)
Mit $f''(0) = -4 < 0$ gilt: Das Schaubild von f ist für $x \in [-1; 1]$ rechtsgekrümmt.
(Das Schaubild von f ist symmetrisch zur y-Achse.)

9. Zeigen Sie, das Schaubild von f mit $f(x) = \frac{1}{2}e^{-x} + x$; $x \in \mathbb{R}$, ist linksgekrümmt auf $\mathbb{R}$.

Ableitungen: $f'(x) = -\frac{1}{2}e^{-x} + 1$; $f''(x) = \frac{1}{2}e^{-x}$
Wegen $e^{-x} > 0$ ist $f''(x) > 0$ für $x \in \mathbb{R}$
Das Schaubild von f ist auf $\mathbb{R}$ eine Linkskurve (linksgekrümmt).

28

Wendepunkte

10. Gegeben ist die Funktion f. Das Schaubild von f heißt K. Berechnen Sie die Koordinaten der Wendepunkte von K.

$f(x) = x^4 - 2x^3 + 1$; $x \in \mathbb{R}$ 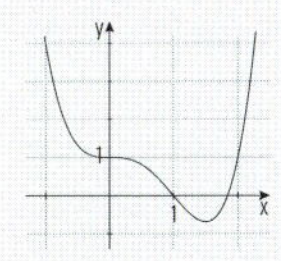	$f'(x) = 4x^3 - 6x^2$; $f''(x) = 12x^2 - 12x$; $f'''(x) = 24x - 12$ Notwendige Bedingung: $f''(x) = 0$ — $12x^2 - 12x = 0$ Ausklammern: $x(12x - 12) = 0$ Satz vom Nullprodukt: $x = 0 \vee 12x - 12 = 0$ Mögliche Wendestellen: $x = 0 \vee x = 1$ Mit $f'''(0) = -12 \neq 0$ und $f(0) = 1$: $W_1(0 \mid 1)$ Mit $f'''(1) = 12 \neq 0$ und $f(1) = 0$: $W_2(1 \mid 0)$
$f(x) = -x^3 + 2x + 4$; $x \in \mathbb{R}$ 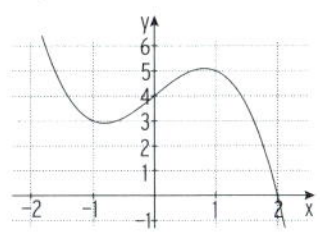	$f'(x) = -3x^2 + 2$; $f''(x) = -6x$; $f'''(x) = -6$ Notwendige Bedingung: $f''(x) = 0$ — $-6x = 0$ $x = 0$ Mögliche Wendestelle: $x_1 = 0$ Mit $f'''(0) = -6 \neq 0$ und $f(0) = 4$: $W(0 \mid 4)$
$f(x) = \frac{1}{8}x^3 - \frac{3}{4}x^2 + 4$; $x \in \mathbb{R}$ 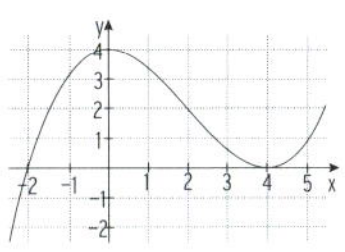	$f'(x) = \frac{3}{8}x^2 - \frac{3}{2}x$; $f''(x) = \frac{3}{4}x - \frac{3}{2}$; $f'''(x) = \frac{3}{4}$ Notwendige Bedingung: $f''(x) = 0$ — $\frac{3}{4}x - \frac{3}{2} = 0$ $x = 2$ Mögliche Wendestelle: $x_1 = 2$ Mit $f'''(2) = \frac{3}{4} \neq 0$ und $f(2) = 2$: $W(2 \mid 2)$
$f(x) = 2\cos(\frac{\pi}{2}x) + 1$; $x \in [0; 4]$ 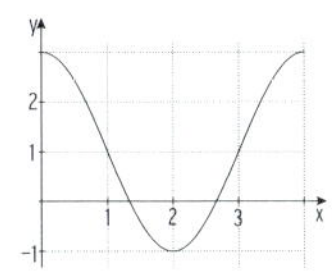	$f'(x) = -\pi\sin(\frac{\pi}{2}x)$; $f''(x) = -\frac{\pi^2}{2}\cos(\frac{\pi}{2}x)$; $f'''(x) = \frac{\pi^3}{4}\sin(\frac{\pi}{2}x)$ Notwendige Bedingung: $f''(x) = 0$ — $-\frac{\pi^2}{2}\cos(\frac{\pi}{2}x) = 0$ $\cos(\frac{\pi}{2}x) = 0$ $\frac{\pi}{2}x = \pm\frac{\pi}{2}; \pm\frac{3\pi}{2}; \ldots$ und damit $x = \pm 1; \pm 3; \ldots$ 1 und 3 liegen im gegebenen Intervall. Mögliche Wendestellen: $x_1 = 1$; $x_2 = 3$ Mit $f'''(1) \neq 0$ und $f(1) = 1$: $W_1(1 \mid 1)$ Mit $f'''(3) \neq 0$ und $f(3) = 1$: $W_2(3 \mid 1)$

29

11. Die Abbildung zeigt das Schaubild der 1. Ableitungsfunktion einer Funktion f. Begründen Sie mithilfe der Zeichnung, dass das Schaubild von f einen Hoch-, einen Tief- und einen Wendepunkt mit positiver Steigung besitzt.

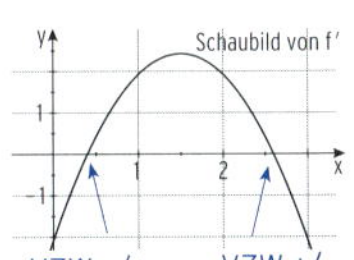

Lösung: Das Schaubild von f' schneidet die x-Achse zweimal mit VZW, also hat das Schaubild von f einen Tief- und einen Hochpunkt. Das Schaubild von f' hat einen Hochpunkt oberhalb der x-Achse, also hat das Schaubild von f einen Wendepunkt mit positiver Steigung.

12. Gegeben ist die Funktion f. Das Schaubild von f heißt K. Zeigen Sie, W ist Wendepunkt von K. Berechnen Sie die Gleichung der Wendetangente an K in W.

$f(x) = \frac{1}{3}x^3 - x^2 + 2x$; $x \in \mathbb{R}$ $W(1 \mid \frac{4}{3})$	$f'(x) = x^2 - 2x + 2$; $f''(x) = 2x - 2$; $f'''(x) = 2$ W ist Wendepunkt: $f(1) = \frac{1}{3} - 1 + 2 = \frac{4}{3}$; $f''(1) = 0$; $f'''(1) \neq 0$ Tangentengleichung mit $f'(1) = 1$: $y = x + b$ $W(1 \mid \frac{4}{3})$: $\frac{4}{3} = 1 + b \Rightarrow b = \frac{1}{3}$ Tangentengleichung: $y = x + \frac{1}{3}$ 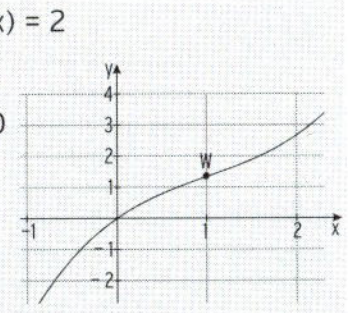
$f(x) = -\frac{1}{4}(x^3 - 6x^2)$; $x \in \mathbb{R}$ $W(2 \mid 4)$	$f'(x) = -\frac{3}{4}x^2 + 3x$; $f''(x) = -\frac{3}{2}x + 3$; $f'''(x) = -\frac{3}{2}$ W ist Wendepunkt: $f(2) = -\frac{1}{4}(2^3 - 6 \cdot 2^2) = 4$; $f''(2) = 0$; $f'''(2) \neq 0$ Tangentengleichung mit $f'(2) = 3$: $y = 3x + b$ $W(2 \mid 4)$: $4 = 3 \cdot 2 + b \Rightarrow b = -2$ Tangentengleichung: $y = 3x - 2$ 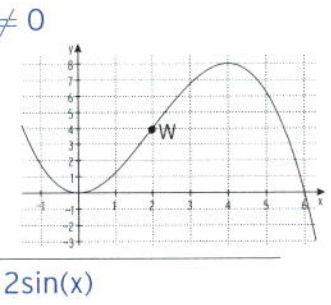
$f(x) = 1 + 2\cos(x)$; $x \in \mathbb{R}$ $W(\frac{\pi}{2} \mid 1)$	$f'(x) = -2\sin(x)$; $f''(x) = -2\cos(x)$; $f'''(x) = 2\sin(x)$ W ist Wendepunkt: $f(\frac{\pi}{2}) = 1 + 2\cos(\frac{\pi}{2}) = 1$; $f''(\frac{\pi}{2}) = 0$; $f'''(\frac{\pi}{2}) = 2 \neq 0$ Tangentengleichung mit $f'(\frac{\pi}{2}) = -2$: $y = -2x + b$ $W(\frac{\pi}{2} \mid 1)$: $1 = -2 \cdot \frac{\pi}{2} + b \Rightarrow b = 1 + \pi$ Tangentengleichung: $y = -2x + 1 + \pi$ 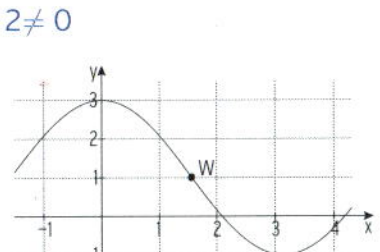

30

13. Gegeben ist das Schaubild K der Funktion f mit $x \in [-1; 4]$. Tragen Sie die wichtigen Punkte ein und lesen Sie die Koordinaten ab. Bestimmen Sie mithilfe der Abbildung die Bereiche, in denen K von f steigend ist bzw. in denen K von f rechtsgekrümmt ist.

a)

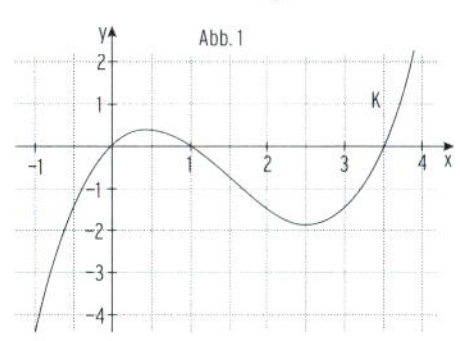

Wichtige Punkte: $H(0{,}5 \mid 0{,}4)$;
$T(2{,}5 \mid -1{,}8)$; $W(1{,}5 \mid -0{,}7)$
steigend für $x \leq 0{,}5 \vee x \geq 2{,}5$
rechtsgekrümmt für $x < 1{,}5$

b)

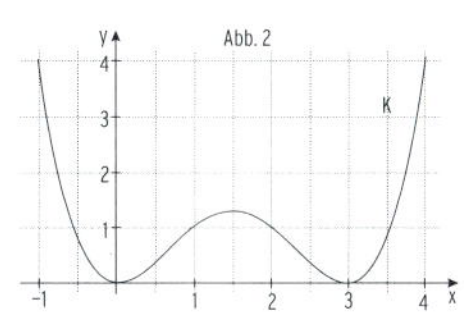

Wichtige Punkte: $H(1{,}5 \mid 1{,}3)$;
$T_1(0 \mid 0)$; $T_2(3 \mid 0)$
$W_1(0{,}7 \mid 0{,}5)$; $W_2(2{,}3 \mid 0{,}5)$
steigend für $0 \leq x \leq 1{,}5 \vee x \geq 3$
rechtsgekrümmt für $0{,}7 < x < 2{,}3$

c)

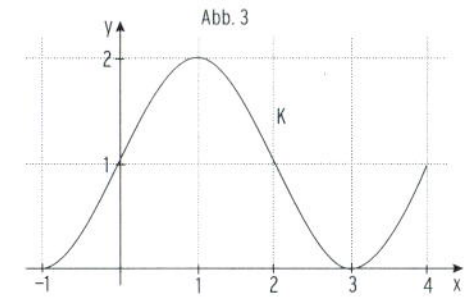

Wichtige Punkte: $T_1(-1 \mid 0)$; $T_2(3 \mid 0)$;
$H_1(1 \mid 2)$
$W_1(0 \mid 1)$; $W_2(2 \mid 1)$
steigend für $-1 \leq x \leq 1$; $3 \leq x \leq 4$
rechtsgekrümmt für $0 < x < 2$

d)

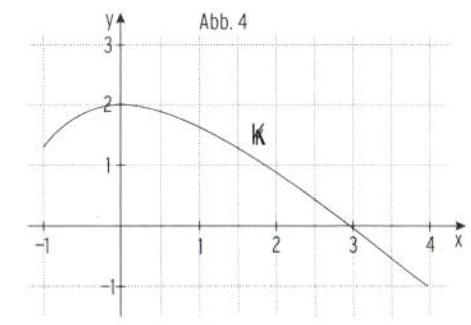

Wichtige Punkte: $H(0 \mid 2)$
steigend für $-1 \leq x \leq 0$
rechtsgekrümmt für $-1 < x < 4$ (auf D)
kein Wendepunkt

31

9 Bohner, Ott, Rosner, Deusch - ISBN 978-3-8120-2303-0

14. Gegeben ist das Schaubild der Ableitungsfunktion f′ für $1{,}4 \leq x \leq 3{,}2$.
Die nachfolgenden Aussagen sind entweder wahr oder falsch. Entscheiden Sie.
Begründen Sie Ihre Entscheidung.

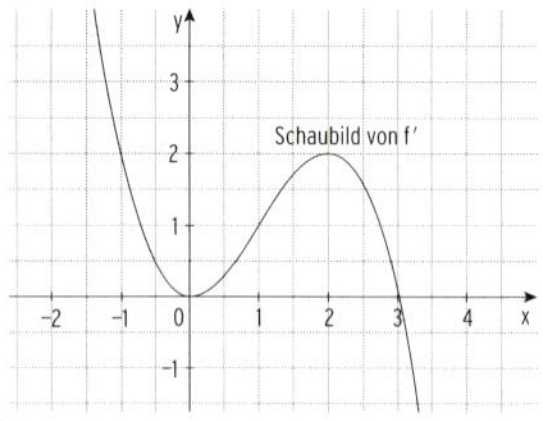

Das Schaubild von f hat genau drei Extrempunkte.	[ ] (w) [x] (f)	Das Schaubild von f′ hat zwei gemeinsame Punkte mit der x-Achse, also hat der Graph von f höchstens 2 Extrempunkte.
Das Schaubild von f hat genau drei Wendepunkte.	[ ] (w) [x] (f)	Das Schaubild von f′ hat zwei Extrempunkte, also hat der Graph von f höchstens 2 Wendepunkte.
Das Schaubild von f hat einen Sattelpunkt auf der y-Achse.	[x] (w) [ ] (f)	Das Schaubild von f′ hat einen Extrempunkt auf der x-Achse.
$f'(x) < 2$	[ ] (w) [x] (f)	Das Schaubild von f′ hat Punkte mit y > 2. (z.B. $f'(-1{,}5) > 2$)
$f'(2{,}5) > 0$	[x] (w) [ ] (f)	Der Graph von f′ verläuft in x = 2,5 oberhalb der x-Achse, $f'(2{,}5) \approx 1{,}5 > 0$
$f''(3) > 0$	[ ] (w) [x] (f)	Das Schaubild von f′ hat in x = 3 eine negative Steigung, also $f''(3) < 0$.
Das Schaubild von f ist symmetrisch zur y-Achse.	[ ] (w) [x] (f)	Das Schaubild von f′ ist nicht punktsymmetrisch zu einem Punkt auf der y-Achse.
Das Schaubild von f ist bei x = − 1 steigend.	[x] (w) [ ] (f)	Das Schaubild von f′ verläuft in x = − 1 oberhalb der x-Achse.
$f(2) > f(0)$	[x] (w) [ ] (f)	Das Schaubild von f′ verläuft von 0 bis 2 oberhalb der x-Achse, das Schaubild von f ist also monoton steigend.

15. Gegeben ist das Schaubild der Funktion f für $x \in [-4; 2]$.
Die nachfolgenden Aussagen sind entweder wahr oder falsch. Entscheiden Sie.
Begründen Sie Ihre Entscheidung.

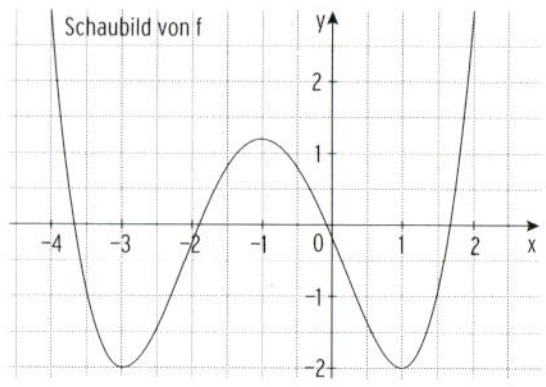

f′ besitzt genau drei Nullstellen.	[x] (w) [ ] (f)	Das Schaubild von f hat 3 Extrempunkte.
Das Schaubild von f hat genau einen Wendepunkt.	[ ] (w) [x] (f)	Das Schaubild von f hat 2 Wendepunkte (Achsensymmetrie)
f′ hat eine doppelte Nullstelle.	[ ] (w) [x] (f)	Das Schaubild von f hat keinen Sattelpunkt.
Das Schaubild von f′ verläuft bei x = − 0,5 oberhalb der x-Achse.	[ ] (w) [x] (f)	Das Schaubild von f ist bei x = − 0,5 fallend; $f'(-0{,}5) \approx -2$
$f'(-1{,}5) > 0$	[x] (w) [ ] (f)	Das Schaubild von f ist bei x = − 1,5 steigend.
$f''(-1{,}5) > 0$	[ ] (w) [x] (f)	Das Schaubild von f ist bei x = − 1,5 rechtsgekrümmt, d. h $f''(-1{,}5) < 0$
Das Schaubild von f′ ist symmetrisch zum Ursprung.	[ ] (w) [x] (f)	Das Schaubild von f ist nicht symmetrisch zur y-Achse.
$f''(-1{,}5) < f''(1)$	[x] (w) [ ] (f)	Das Schaubild von f ist bei x = − 1,5 rechtsgekrümmt ($f''(-1{,}5) < 0$) und bei x = 1 linksgekrümmt ($f''(1) > 0$).
Die Tangente an das Schaubild von f an der Stelle x = − 2 hat die Steigung 1.	[ ] (w) [x] (f)	Das Schaubild von f hat in x = − 2 eine Steigung größer als 1, $f'(-2) \approx 3{,}5$

16. Vervollständigen Sie folgende Aussagen.

a) Eine Polynomfunktion 4. Grades hat höchstens 3 Extremstellen, denn ihre Ableitung ist vom Grad 3.

b) Die Funktion f mit $f(x) = e^x + x$; $x \in \mathbb{R}$, ist monoton wachsend, denn ihre Ableitung ist stets positiv.

c) Die Funktion g mit $g(x) = \sin(\frac{\pi}{2}x)$; $x \in \mathbb{R}$, hat im Intervall [0; 12] 7 Nullstellen, und diese Funktion hat die Periode 4.

d) Das Schaubild der Funktion h mit $h(x) = 2\cos(\frac{\pi}{3}x)$; $x \in \mathbb{R}$, entsteht aus dem Schaubild der Funktion f mit $f(x) = \cos(x)$; $x \in \mathbb{R}$, durch Streckung mit dem Faktor 2 in y -Richtung und durch Streckung mit dem Faktor $\frac{1}{\frac{\pi}{3}} = \frac{3}{\pi}$ in x -Richtung.

5 Aufstellen von Funktionstermen

1. Formulieren Sie Bedingungen mithilfe des Textes. Das Schaubild von f ...

hat den Hochpunkt H(2 | 3).	$f(2) = 3$ und $f'(2) = 0$
hat den Wendepunkt W(− 1 | 6).	$f(-1) = 6$ und $f''(-1) = 0$
hat den Tiefpunkt T(− 2 | 1).	$f(-2) = 1$ und $f'(-2) = 0$
berührt die x-Achse an der Stelle x = 5.	$f(5) = 0$ und $f'(5) = 0$
hat an der Stelle x = 1 die Steigung − 4.	$f'(1) = -4$
hat einen Extrempunkt an der Stelle $x = \sqrt{2}$.	$f'(\sqrt{2}) = 0$
hat an der Stelle x = 0 die Tangente mit der Gleichung y = 3x − 4	$f(0) = -4$ und $f'(0) = 3$
verläuft an der Stelle x = − 4 parallel zur 1. Winkelhalbierenden.	$f'(-4) = 1$
hat an den Stellen x = 1 und x = 3 dieselbe Steigung.	$f'(1) = f'(3)$
ist an der Stelle x = 1 rechtsgekrümmt.	$f''(1) < 0$

2. Das Schaubild der Funktion p mit $p(x) = ax^4 + cx^2 - \frac{7}{4}$ hat den Tiefpunkt T(2 | − 3).
Berechnen Sie die Werte von a und c und geben Sie den Funktionsterm an.

Ableitung: $p'(x) = 4ax^3 + 2cx$

Bedingungen:
T(2 | − 3): $p(2) = -3$
$p'(2) = 0$

Lineares Gleichungssystem:
$16a + 4c - \frac{7}{4} = -3 \Leftrightarrow 16a + 4c = -\frac{5}{4}$ (I)
$32a + 4c = 0$ (II)

Lösung des linearen Gleichungssystems:
Additionsverfahren: (I) − (II) $\quad -16a = -\frac{5}{4}$
$a = \frac{5}{64}$
Einsetzen in (II): $\quad 32 \cdot \frac{5}{64} + 4c = 0$
$c = -\frac{5}{8}$

Funktionsterm: $p(x) = \frac{5}{64}x^4 - \frac{5}{8}x^2 - \frac{7}{4}$

3. Kreuzen Sie die zutreffende Bedingung an.

P(2 | − 3) liegt auf dem Graph K von f.	[ ] $f'(2) = -3$	[x] $f(2) = -3$
K hat einen Wendepunkt W(− 4 | 1).	[ ] $f'(-4) = 1$	[x] $f''(-4) = 0$
K hat einen Hochpunkt in x = 5.	[x] $f'(5) = 0$	[ ] $f''(5) = 1$
K hat an der Stelle x = 1 die Steigung 1.	[ ] $f'(1) = 0$	[x] $f'(1) = 1$
K ist an der Stelle x = 1 linksgekrümmt.	[ ] $f''(1) = 0$	[x] $f''(1) > 0$
In x = − 2 wechselt f das Monotonieverhalten.	[x] $f(-2) = 5$	[x] $f'(-2) = 0$
In x = 1 ist K steigend.	[x] $f'(1) > 0$	[ ] $f'(1) = -2$

4. Formulieren Sie zum folgenden Aufschrieb eine geeignete Aufgabenstellung.

$f(x) = ax^3 + bx^2 + cx + d$

$f(x) = ax^3 + cx$; $\quad f'(x) = 3ax^2 + c$

$f(2) = -3 \qquad 8a + 2c = -3$

$f'(2) = 0 \qquad 12a + c = 0$

Aufgabenstellung:

Das Schaubild einer Polynomfunktion 3. Grades ist symmetrisch zum Ursprung und hat in P(2 |− 3) einen Extrempunkt.
Stellen Sie ein geeignetes Gleichungssystem auf.

5. Das Schaubild einer Funktion f mit $f(x) = ae^{bx} + c$; $x \in \mathbb{R}$, hat die waagrechte Asymptote mit der Gleichung $y = 3$. Der Graph von f schneidet die y-Achse in S(0 | 1) mit Steigung 2.

Ableitung: $f'(x) = abe^{bx}$

Bedingungen:	Gleichungssystem
Asymptote: $y = 3$	$c = 3$
S(0 | 1): $f(0) = 1$	$a + c = 1$
Steigung 2: $f'(0) = 2$	$ab = 2$
Lösung des Gleichungssystems:	mit $c = 3$: $a = -2$
	mit $a = -2$: $b = -1$

Funktionsterm: $f(x) = -2e^{-x} + 3$

6. Eine Funktion f hat folgende Eigenschaften:

(1) $f(2) = 1$

(2) $f'(2) = 0$ und $f''(2) > 0$

(3) $f''(4) = 0$ und $f'''(4) \neq 0$

Beschreiben Sie für jede dieser drei Eigenschaften, welche Bedeutung sie für den Graphen von f hat.

Skizzieren Sie einen möglichen Verlauf des Graphen.

Lösung:

(1) P(2 |1) ist ein Kurvenpunkt

(2) P ist ein Tiefpunkt.

(3) $x = 4$ ist eine Wendestelle

Skizze:

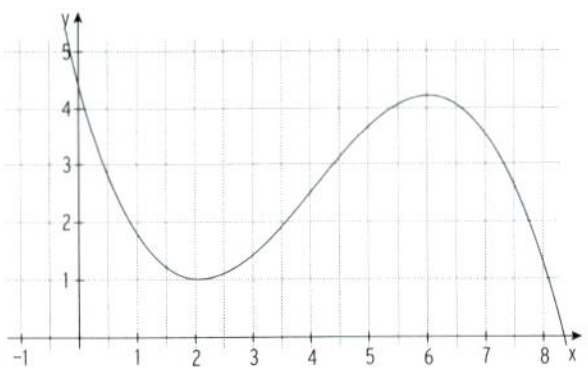

7. Bestimmen Sie den Funktionsterm mithilfe der Abbildung.

a)

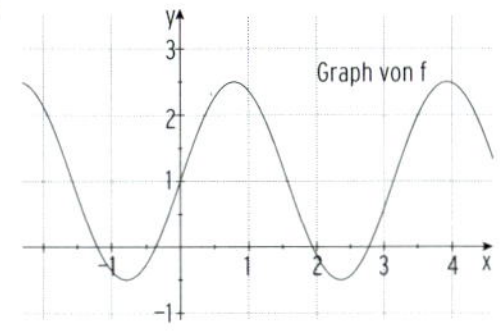

Ansatz: $f(x) = a\sin(kx) + b$

Amplitude: 1,5

Periode: $p = \pi$

$p = \frac{2\pi}{k}$ ergibt $k = 2$

Mittellinie: $y = 1$ ergibt $b = 1$

Funktionsterm: $f(x) = 1{,}5\sin(2x) + 1$

b)

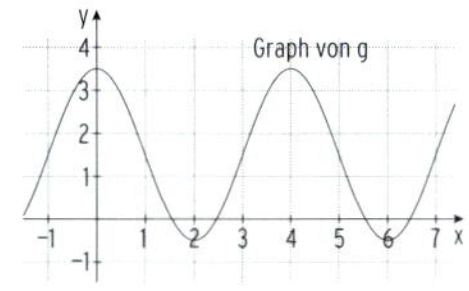

Ansatz: $g(x) = a\cos(kx) + b$

Amplitude: 2

Periode: $p = 4$

$p = \frac{2\pi}{k}$ ergibt $k = \frac{\pi}{2}$

Mittellinie: $y = 1{,}5$ ergibt $b = 1{,}5$

Funktionsterm: $g(x) = 2\cos(\frac{\pi}{2}x) + 1{,}5$

8. Die unten stehende Wertetabelle gehört zu einer ganzrationalen Funktion g.

x	−2	−1	0	1	2	3	4
g(x)	−4	0	−2	−4	0	16	50
g′(x)	9	0	−3	0	9	24	45
g″(x)	−12	−6	0	3	6	18	24

Das zugehörige Schaubild K besitzt ...

die gemeinsamen Punkte mit der x-Achse:

$N_{1|2}$ (−1 | 0); N_3 (2| 0)

den Schnittpunkt mit der y-Achse: S_y(0|−2)

den Hochpunkt: H(−1 | 0)

den Tiefpunkt: T(1 | − 4)

den Wendepunkt: W(0|−2)

Die Funktion muss mindestens den Grad 3 haben, da K mindestens einen Wendepunkt hat.

Skizze des zugehörigen Schaubilds:

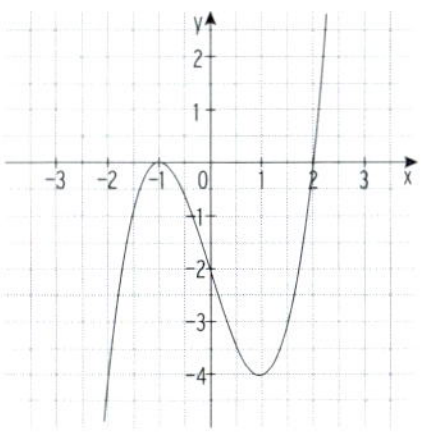

6 Modellierung - Extremwertaufgaben

1. Aus einem Werkstück soll ein Rechteck heraus gefräst werden. Die Berandung des Werkstücks wird beschrieben durch die Funktion f mit $f(x) = -0{,}5x^2 + 2$; $-2 \leq x \leq 2$ (siehe Abbildung).

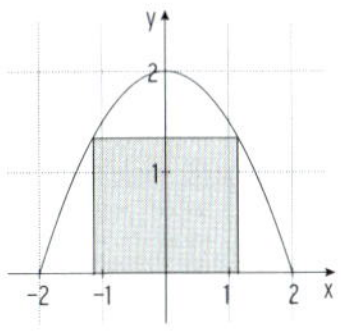

Zwei Ecken liegen jeweils auf der x-Achse und auf dem Schaubild K von f.
Welches Rechteck hat den größtmöglichen Flächeninhalt?

Lösung

Wir wählen den Eckpunkt $P(a \mid -0{,}5a^2 + 2)$ auf K für $0 \leq a \leq 2$.

Zielfunktion:	$A(a) = 2a \cdot f(a) = 2a \cdot (-0{,}5a^2 + 2)$
	$A(a) = -a^3 + 4a$; $D = [0; 2]$
Untersuchung von A auf ein Maximum	
Ableitungen:	$A'(a) = -3a^2 + 4$
	$A''(a) = -6a$
Notwendige Bedingung: $A'(a) = 0$	$-3a^2 + 4 = 0$
	$a^2 = \frac{4}{3}$
Mit $a > 0$:	$a = 1{,}15$
Nachweis:	$A''(1{,}15) < 0$

A hat ein relatives Maximum für $a = 1{,}15$.

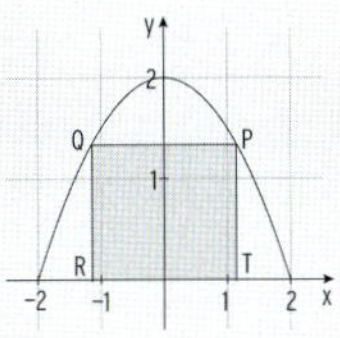

Relatives Maximum:	$A_{max} = A(1{,}15) = 3{,}08$
Randwerte	
Für die Randstellen	
$a = 0$ und $a = 2$ gilt:	$A(0) = 0 < A(1{,}15)$
	$A(2) = 0 < A(1{,}15)$

Ergebnis:

Das Rechteck mit den Punkten P(1,15 | 1,34), Q (− 1,15 | 1,34), R(− 1,15 | 0) und T(1,15 | 0) hat den größten Flächeninhalt .

2. Ein Geländeverlauf wird beschrieben durch die Funktion f mit $f(x) = \frac{1}{16}x^3 - \frac{1}{2}x^2 + x$; $0 \leq x \leq 8$ (siehe Abbildung).

Ein Seil soll vom Ursprung zum Punkt P(8 | 8) gespannt werden.
Bestimmen Sie den größtmöglichen senkrechten Abstand des Seils zum Gelände.

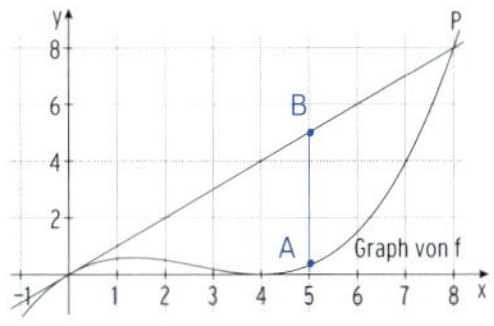

Lösung

Wir wählen die Endpunkte $A(a \mid \frac{1}{16}a^3 - \frac{1}{2}a^2 + a)$ auf K und $B(a \mid a)$ auf der Geraden mit $y = x$ für $0 \leq a \leq 8$.

Zielfunktion mit Definitionsbereich: d mit $d(a) = a - (\frac{1}{16}a^3 - \frac{1}{2}a^2 + a) = -\frac{1}{16}a^3 + \frac{1}{2}a^2$

Definitionsbereich: $0 \leq a \leq 8$

Untersuchung der Zielfunktion auf ein Maximum

Ableitungen: $d'(a) = -\frac{3}{16}a^2 + a$; $d''(a) = -\frac{3}{8}a + 1$

Notwendige Bedingung: $d'(a) = 0$	$-\frac{3}{16}a^2 + a = 0$
Ausklammern:	$a(-\frac{3}{16}a + 1) = 0$
Satz vom Nullprodukt:	$a = 0 \vee a = \frac{16}{3}$
Nachweis:	$d''(\frac{16}{3}) = -1$

$a = 0$ ist eine Randstelle. (Siehe Randwertuntersuchung)

Die Abstandsfunktion d hat ein relatives Maximum für $a = \frac{16}{3}$.

Relatives Maximum: $d(\frac{16}{3}) = \frac{128}{27} = 4{,}74...$

Randwerte

Für die Randstellen $a = 0$ und $a = 8$ gilt: $d(0) = 0$ bzw. $d(8) = 0$

Ergebnis: Der größtmögliche senkrechte Abstand vom Seil zum Gelände beträgt 4,74.

IV Integralrechnung

1 Aufleiten und Stammfunktion

1 Ein Mitschüler versteht nicht, weshalb eine Funktion mehrere Stammfunktionen besitzt.

a) Erklären Sie anhand der Ableitungsregeln.

Beispielsweise sind sowohl $F(x) = \frac{1}{2}x^2$, als auch $F(x) = \frac{1}{2}x^2 + 3$ und $F(x) = \frac{1}{2}x^2 - 2$ Terme von Stammfunktionen von f mit $f(x) = x$. Beim Ableiten fällt der konstante Summand weg. Somit hat eine Funktion unendlich viele Stammfunktionen, die sich alle durch den Wert eines konstanten Summanden unterscheiden.

b) Erklären Sie graphisch, anhand von Schaubildern.

Skizzieren Sie hierfür die Schaubilder von

F_1 mit $F_1(x) = \frac{1}{2}x^2$

F_2 mit $F_2(x) = \frac{1}{2}x^2 + 2$

F_3 mit $F_3(x) = \frac{1}{2}x^2 - 1$

f mit $f(x) = x$

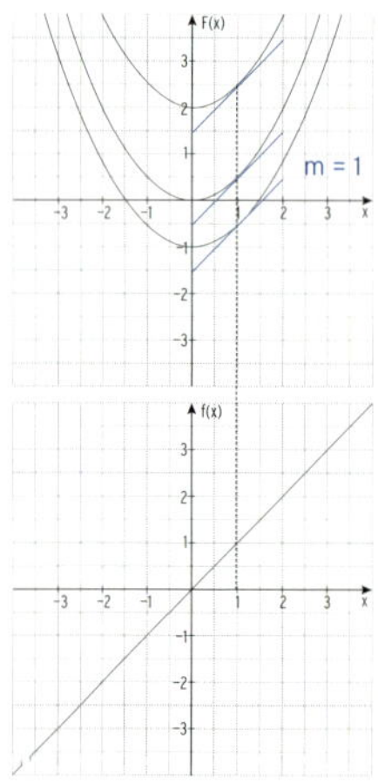

Durch eine Veränderung des konstanten Summanden verschiebt sich das Schaubild einer Stammfunktion in y-Richtung. Die Steigung an einer Stelle ändert sich hierdurch jedoch nicht. Alle Stammfunktionen haben also dieselbe Ableitungsfunktion.

2. Bilden Sie eine Stammfunktion.

$f(x) = 2\cos(3x) + 1$	$F(x) = \frac{2}{3}\sin(3x) + x + c$
$f(x) = -3\sin(\frac{x}{2}) - x$	$F(x) = 6\cos(\frac{x}{2}) - \frac{1}{2}x^2 + c$
$f(x) = \frac{1}{4}x^3 + x^4 + 3$	$F(x) = \frac{1}{16}x^4 + \frac{1}{5}x^5 + 3x + c$
$f(x) = \frac{1}{32}x^3 + x^2 + x - 4$	$F(x) = \frac{1}{128}x^4 + \frac{1}{3}x^3 + \frac{1}{2}x^2 - 4x + c$
$f(x) = 5e^{2x} + 2x - 1$	$F(x) = \frac{5}{2}e^{2x} + x^2 - x + c$
$f(x) = ae^{-3x} + b$	$F(x) = -\frac{a}{3}e^{-3x} + bx + c$
$f(x) = \frac{3}{5}(x^3 - 2x^4)$	$F(x) = \frac{3}{5}(\frac{1}{4}x^4 - \frac{2}{5}x^5) + c$; ausmultiplizieren ist unnötig
$f(x) = 4x - 1 - 4e^{-2x}$	$F(x) = 2x^2 - x + 2e^{-2x} + c$

3. Bilden Sie eine Stammfunktion mit F(a) = b.

$f(x) = 4\sin(\pi x)$; $F(1) = 2$	$F(x) = -\frac{4}{\pi}\cos(\pi x) + c$; $F(1) = \frac{4}{\pi} + c = 2 \Rightarrow c = 2 - \frac{4}{\pi}$ $F(x) = -\frac{4}{\pi}\cos(\pi x) + 2 - \frac{4}{\pi}$
$f(x) = -\frac{4}{3}\sin(\frac{x}{2}) - 3$; $F(\pi) = 0$	$F(x) = \frac{8}{3}\cos(\frac{x}{2}) - 3x + c$; $F(\pi) = -3\pi + c = 0$ $\Rightarrow c = 3\pi$; $F(x) = \frac{8}{3}\cos(\frac{x}{2}) - 3x + 3\pi$
$f(x) = -\frac{1}{32}x^3 + x^2 + 3x$; $F(1) = 0$	$F(x) = -\frac{1}{128}x^4 + \frac{1}{3}x^3 + \frac{3}{2}x^2 + c$; $F(1) = \frac{701}{384} + c = 0$ $\Rightarrow c = -\frac{701}{384}$; $F(x) = -\frac{1}{128}x^4 + \frac{1}{3}x^3 + \frac{3}{2}x^2 - \frac{701}{384}$
$f(x) = \frac{1}{2}(x^2 + 6x - 1)$; $F(-1) = 1$	$F(x) = \frac{1}{2}(\frac{1}{3}x^3 + 3x^2 - x) + c$; $F(-1) = \frac{11}{6} + c = 1$ $\Rightarrow c = -\frac{5}{6}$; $F(x) = \frac{1}{2}(\frac{1}{3}x^3 + 3x^2 - x) - \frac{5}{6}$
$f(x) = 0{,}2e^{2x} + 2{,}25$; $F(0) = 4$	$F(x) = 0{,}1e^{2x} + 2{,}25x + c$; $F(0) = 0{,}1 + c = 4$ $\Rightarrow c = 3{,}9$; $F(x) = 0{,}1e^{2x} + 2{,}25x + 3{,}9$
$f(x) = 2(e^{-4x} + 1)$; $F(0) = -1$	$F(x) = 2(-\frac{1}{4}e^{-4x} + x) + c$; $F(0) = 2(-\frac{1}{4}e^0 + 1) + c = -1$ $\Rightarrow c = \frac{1}{2}$; $F(x) = 2(-\frac{1}{4}e^{-4x} + x) + \frac{1}{2}$
$f(x) = \frac{4}{5}(x^5 - 2x^4)$; $F(-2) = 3$	$F(x) = \frac{4}{5}(\frac{1}{6}x^6 - \frac{2}{5}x^5) + c$; $F(-2) = \frac{4}{5} \cdot \frac{352}{15} + c = 3$ $\Rightarrow c = -\frac{1183}{75}$; $F(x) = \frac{4}{5}(\frac{1}{6}x^6 - \frac{2}{5}x^5) - \frac{1183}{75}$
$f(x) = \frac{4x}{3} - e^{-\frac{3}{2}x}$; $F(0) = 6$	$F(x) = \frac{2x^2}{3} - (-\frac{2}{3})e^{-\frac{3}{2}x} + c$; $F(x) = \frac{2x^2}{3} + \frac{2}{3}e^{-\frac{3}{2}x} + c$ $F(0) = \frac{2}{3} + c = 6 \Rightarrow c = \frac{16}{3}$; $F(x) = \frac{2x^2}{3} + \frac{2}{3}e^{-\frac{3}{2}x} + \frac{16}{3}$

4. Entscheiden Sie, ob hier richtig oder falsch aufgeleitet wurde. Beschreiben Sie gegebenenfalls kurz, worin der Fehler besteht.

Funktion Stammfunktion	richtig (r) falsch (f)	richtig wäre ...	Was wurde nicht beachtet?
$f(x) = 2x^3 - 4x^2$ $F(x) = 2x^4 - 4x^3$	☐ (r) ☒ (f)	$F(x) = \frac{1}{2}x^4 - \frac{4}{3}x^3$	$g(x) = x^3 \Rightarrow G(x) = \frac{1}{4}x^4$ $h(x) = x^2 \Rightarrow H(x) = \frac{1}{3}x^3$
$f(x) = 1 + x$ $F(x) = \frac{1}{2}x^2 + x + 2$	☒ (r) ☐ (f)	F(x) =	
$f(x) = e^{3x}$ $F(x) = \frac{1}{3}e^{\frac{3}{2}x^2}$	☐ (r) ☒ (f)	$F(x) = \frac{1}{3}e^{3x}$	Die Hochzahl u = 3x bleibt erhalten
$f(x) = 2\sin(2x)$ $F(x) = \cos(2x) + 1$	☐ (r) ☒ (f)	$F(x) = -\cos(2x) + 1$	Vorzeichenfehler $(\cos(2x))' = -2\sin(2x)$
$f(x) = e^{2x} + 2x$ $F(x) = \frac{1}{2}e^{2x} + x^2$	☒ (r) ☐ (f)	F(x) =	
$f(x) = 2 - \cos(\pi x)$ $F(x) = \sin(\pi x)$	☐ (r) ☒ (f)	$F(x) = 2x - \frac{1}{\pi}(\sin(\pi x)$	$(\sin(\pi x))' = \pi\cos(\pi x)$ $(2x)' = 2$
$f(x) = 1 - x^2$ $F(x) = -\frac{1}{3}x^3$	☐ (r) ☒ (f)	$F(x) = x - \frac{1}{3}x^3$	Beide Summanden aufleiten.
$f(x) = -\frac{5}{2}(x^3 - 3x^2)$ $F(x) = -\frac{5}{2}(\frac{1}{4}x^4 - x^3)$	☒ (r) ☐ (f)	F(x) =	
$f(x) = 2x - 2$ $F(x) = (x-1)^2$	☒ (r) ☐ (f)	F(x) =	$F(x) = x^2 - 2x + c$ $F'(x) = f(x)$
$f(x) = 2x(2x + 5)$ $F(x) = x^2(x^2 + 5x)$	☐ (r) ☒ (f)	$F(x) = \frac{4}{3}x^3 + 5x^2$	Nicht faktorweise aufleiten Hinweis: Zuerst ausmultiplizieren, dann aufleiten.

2 Grafisches Aufleiten

1. Skizzieren Sie das Schaubild einer Stammfunktion F von f.

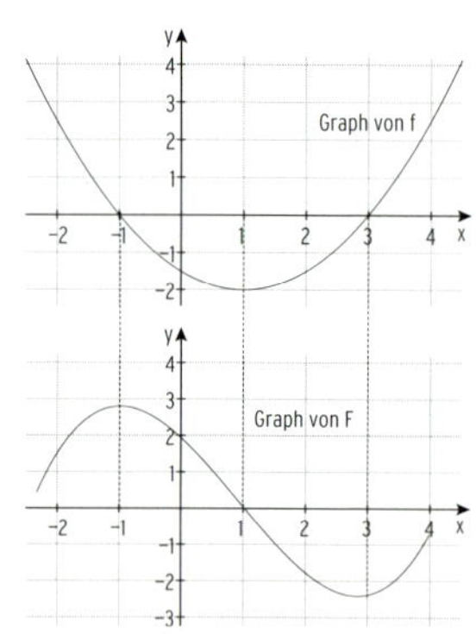

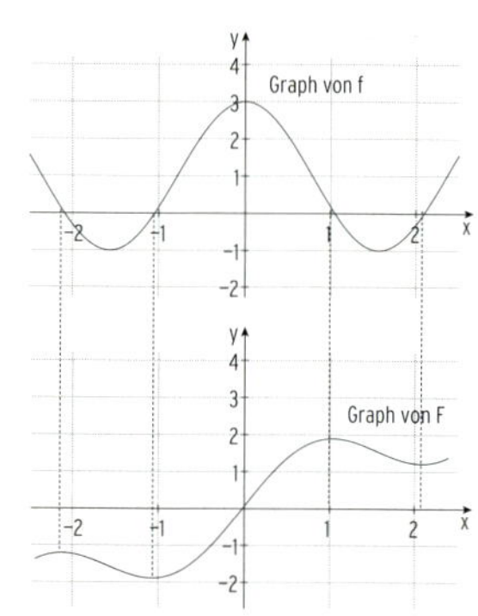

2. Skizzieren Sie das Schaubild einer Stammfunktion F von f

a) durch den Ursprung.

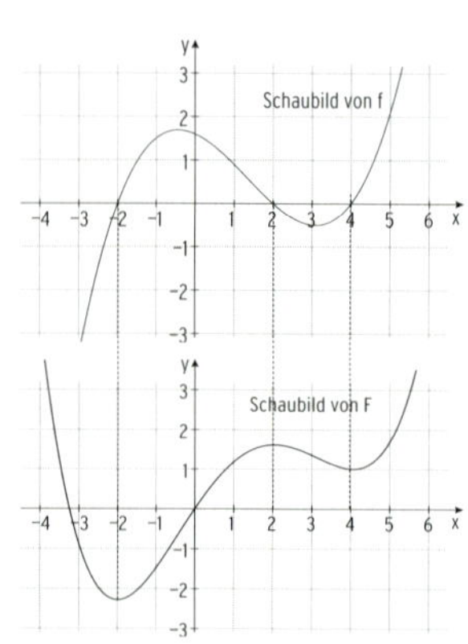

b) durch P(0 | 1)

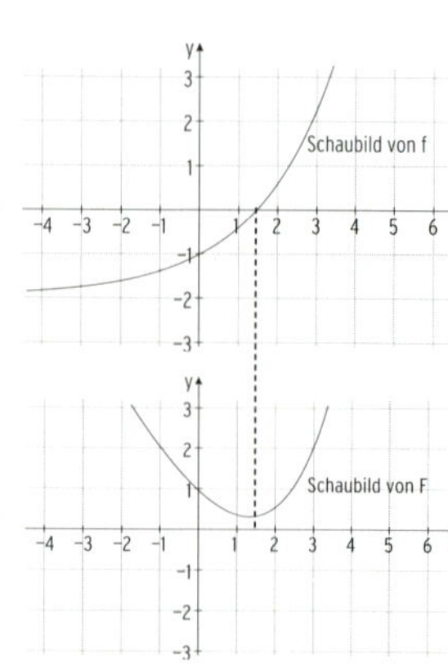

3. Gegeben ist das Schaubild der Funktion f. Zeichnen Sie das Schaubild ihrer Ableitungsfunktion f′ und das Schaubild einer Stammfunktion F von f.

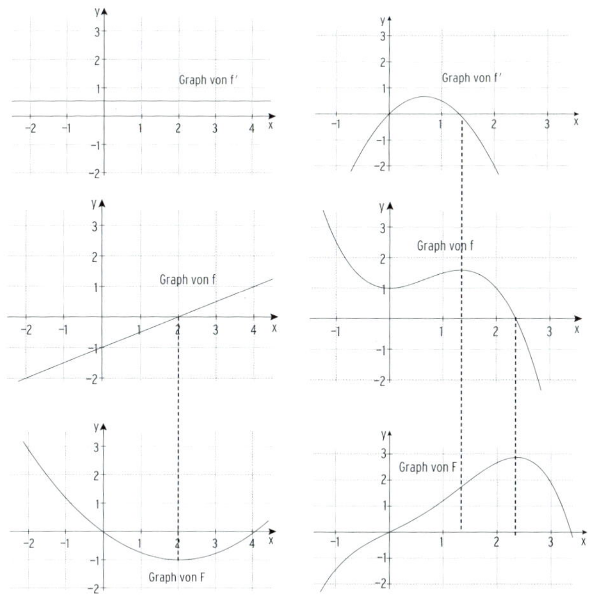

4. Gegeben ist das Schaubild der Funktion f. Skizzieren Sie das Schaubild ihrer Ableitungsfunktion f′ und das Schaubild einer Stammfunktion F von f.

a)

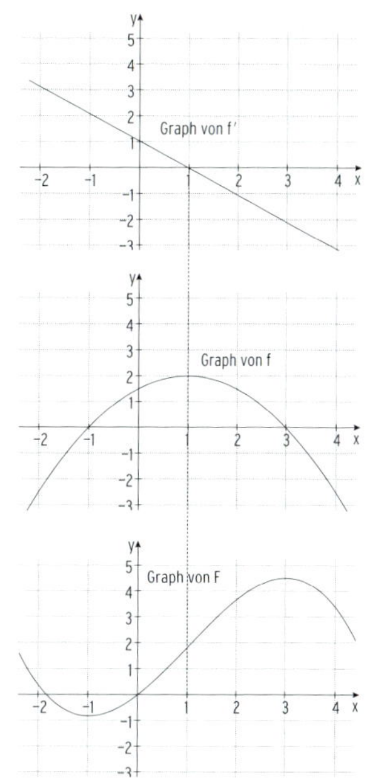

b)

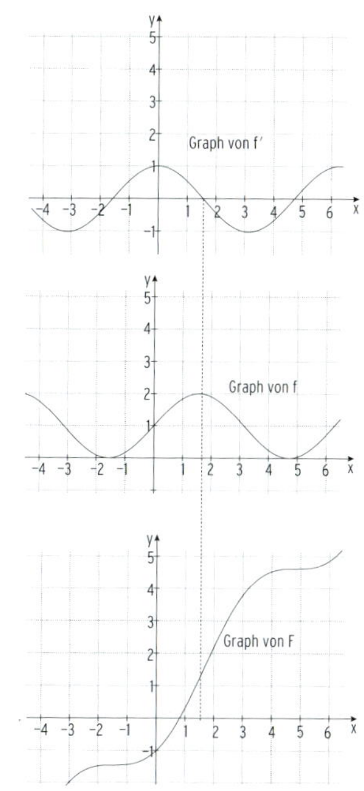

5. Die Abbildung zeigt den Graphen der Ableitungsfunktion h′ einer Funktion h. Entscheiden Sie, welche der folgenden Aussagen wahr sind oder welche falsch sind. Begründen Sie Ihre Entscheidungen.

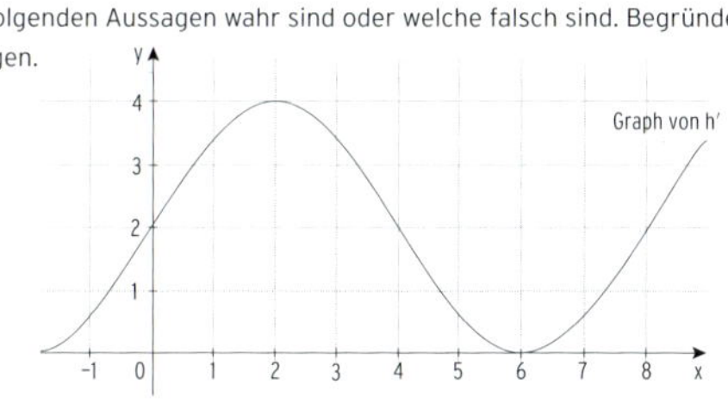

Aussage	(w)	(f)	Begründung
Die Funktion h hat bei x = 6 eine Extremstelle.		X	h′(x) wechselt bei x = 6 das Vorzeichen nicht.
Die Tangente an den Graphen von h im Schnittpunkt mit der y-Achse ist parallel zur ersten Winkelhalbierenden.		X	$h'(0) = 2 \neq 1$
Der Graph von h ist auf [0; 1,8] linksgekrümmt.	X		Der Graph von h′ hat auf [0; 1,8] nur positive Steigungswerte, d. h. $h''(x) > 0$
h ist monoton wachsend für 2 < x < 8	X		$h'(x) \geq 0$ für 2 < x < 8
h(0) > h(5)		X	h ist monoton wachsend für $0 \leq x \leq 5$
Der Graph von h hat auf [0; 7] zwei Wendepunkte.	X		Der Graph von h′ hat 2 Extrempunkte
Der Graph einer Stammfunktion von h ist für alle x∈ [− 1; 5] linksgekrümmt.	X		$H''(x) = h'(x) > 0$, da der Graph von h′ auf [− 1; 5] oberhalb der x-Achse verläuft.

6. Das Schaubild K_h einer Funktion h mit $h(x) = -ax + b - e^{-0,5x}$ mit $x \in \mathbb{R}$ und a, b > 0 entspricht einem der folgenden Schaubilder.

Abb. 1

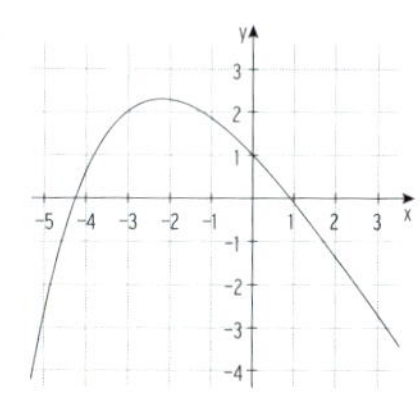

Abb. 2

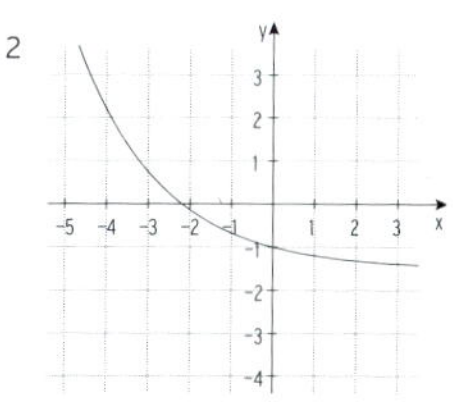

Abb. 3

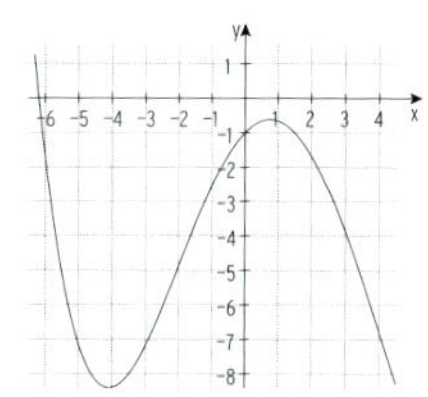

Abb. 4

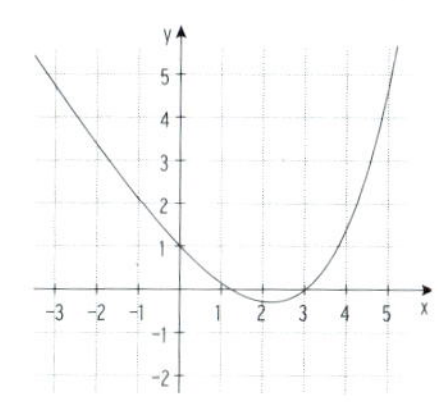

a) Begründen Sie, dass nur Bild 1 das Schaubild K_h der Funktion h sein kann.

Das Schaubild der Funktion h hat für $x \to +\infty$ eine schiefe Asymptote, $e^{-0,5x} \to 0$ für $x \to +\infty$.

b) Von den anderen drei Abbildungen zeigt eine das Schaubild der Ableitungsfunktion h′ und eine andere das Schaubild einer Stammfunktion H von h. Ordnen Sie diese zu und begründen Sie jeweils Ihre Entscheidung.

Zuordnung: Bild 2: Schaubild der Ableitungsfunktion h′
Bild 3: Schaubild einer Stammfunktion H

Begründung: In x = − 4,3 und x = 0,8 hat der Graph der Stammfunktion von h eine Extremstelle (Bild 3). In x = − 2,2 hat die Ableitungsfunktion h′ eine einfache Nullstelle mit VZW (Bild 2).
(Die Funktion h hat in x = − 2,2 eine Extremstelle) (Bild 1).)

7. Die Abbildungen zeigen die Schaubilder K_g und K_h der Funktionen g und h.

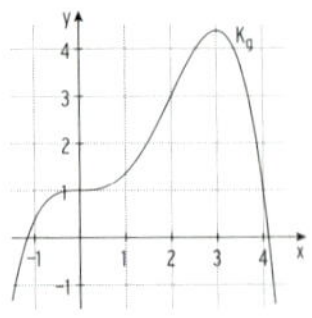

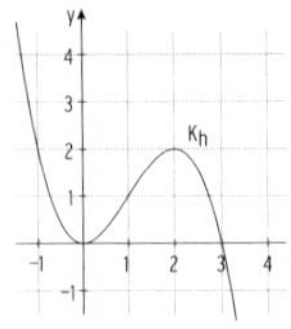

a) Begründen Sie mithilfe von vier Eigenschaften, dass K_h das Schaubild der Ableitungsfunktion von g ist.

$x_{1|2} = 0$ ist doppelte Nullstelle von h, in $x = 0$ hat K_g einen Sattelpunkt
VZW von h(x) bei $x = 3$ von + nach −, bei $x = 3$ hat K_g einen Hochpunkt
$x = 2$ ist Extremstelle von h, bei $x = 2$ hat K_g einen Wendepunkt.

Für $x \leq 3$ ist $g'(x) \geq 0$, d. h., $h(x) \geq 0$ für $x \leq 3$

Zum Schaubild K_h gehört der Funktionsterm $h(x) = -\frac{1}{2}x^3 + \frac{3}{2}x^2;\ x \in \mathbb{R}$.

b) Berechnen Sie alle Stammfunktionen der Funktion h.

Stammfunktionen von h: $H(x) = -\frac{1}{8}x^4 + \frac{1}{2}x^3 + c;\ c \in \mathbb{R}$

Welche dieser Stammfunktionen gehört zu K_g?
Für c = 1 ergibt sich der Funktionsterm von g.

8. Vervollständigen Sie die folgenden Aussagen:
   a) Eine einfache Nullstelle einer Funktion ist eine Extremstelle ihrer Stammfunktion.
   b) Eine Polynomfunktion dritten Grades hat eine Wendestelle(n), denn ihre zweite Ableitungsfunktion ist vom Grad eins.
   c) Die Funktion h mit $h(x) = 2\cos(3x) + 5,\ x \in \mathbb{R}$, hat den Wertebereich $[3; 7]$ und die Periode $\frac{2}{3}\pi$.
   d) Ein möglicher Funktionsterm einer Funktion mit den einfachen Nullstellen $x_1 = -3$, $x_2 = 0$ und $x_3 = 2$ lautet $f(x) = x(x+3)(x-2)$.
   e) Das Schaubild der trigonometrischen Funktion mit dem Funktionsterm $g(x) = 2\sin(\frac{\pi}{4}x) + 2$ hat in W(0 | 2) einen Wendepunkt und in H(2 | 4) den ersten Hochpunkt mit positivem x-Wert.

3 Bestimmtes Integral

1. Berechnen Sie das bestimmte Integral.

$\int_1^0 (e^{0,5x} + 1)dx$	$\int_1^0 (e^{0,5x} + 1)dx = \left[2e^{0,5x} + x\right]_1^0$ $= 2 - (2e^{0,5} + 1) = 1 - 2e^{0,5}$
$\int_0^{\frac{1}{2}\pi} (4\cos(2x))dx$	$= [2\sin(2x)]_0^{\frac{\pi}{2}} = 2\sin(\pi) - 2\sin(0) = 0$
$\int_{-1}^0 (e^{-0,25x} - 2)dx$	$= \left[-4e^{-0,25x} - 2x\right]_{-1}^0 = -4 - (-4e^{0,25} + 2)$ $= -6 + 4e^{0,25}$
$\int_{-1}^3 (x^2 - 3x)dx$	$= \left[\frac{1}{3}x^3 - \frac{3}{2}x^2\right]_{-1}^3 = -\frac{9}{2} + \frac{11}{6} = -\frac{8}{3}$
$\int_{-1}^1 (x^3 - 2x)dx$	$= \left[\frac{1}{4}x^4 - x^2\right]_{-1}^1 = -\frac{3}{4} + \frac{3}{4} = 0$
$\int_{-2}^2 (x^4 + 3x^2 + 1)dx$	$= \left[\frac{1}{5}x^5 + x^3 + x\right]_{-2}^2 = \frac{82}{5} + \frac{82}{5}$ $= \frac{164}{5} = 32,8$

2. Wo liegt der Fehler?

$\int_1^0 (e^{0,1x} - 1)dx = \left[0,1e^{0,1x} - x\right]_1^0$ $= (0,1e^{0,1} - 1) - 0,1$ $= 0,1e^{0,1} - 1,1$	Stammfunktion falsch Richtig: $F(x) = 10e^{0,1x} - x$ Einsetzen in falscher Reihenfolge Richtig: F(0) − F(1)
$\int_0^{0,5\pi} (3\sin(2x) + 1)dx = \left[\frac{3}{2}\cos(2x)\right]_0^{\frac{1}{2}\pi}$ $= \frac{3}{2}\cos(\pi) - \frac{3}{2}\cos(2)$ $= \frac{3}{2} - \frac{3}{2}\cos(2)$	Stammfunktion falsch Richtig: $F(x) = -\frac{3}{2}\cos(2x) + x$ Einsetzfehler: $\cos(2 \cdot 0) = \cos(0) = 1$ $\cos(\pi) = -1$
$\int_{-1}^1 (5x^4 - 4x^3 - 2)dx = \left[x^5 + x^4 - 2x\right]_{-1}^1$ $= -1 + 1 + 2 - 0$ $= 2$	Stammfunktion falsch Richtig: $F(x) = ... - x^4 ...$ Einsetzen in falscher Reihenfolge Richtig: F(1) − F(−1)

4 Flächeninhaltsberechnungen

1. Das Schaubild von f begrenzt mit der x-Achse eine Fläche. Berechnen Sie den Inhalt.

$f(x) = (x-2)(x-4)$	Nullstellen von f: f(x) = 0 $x_1 = 2;\ x_2 = 4$ Flächeninhaltsberechnung: $\int_2^4 f(x)dx = \int_2^4 (x^2 - 6x + 8)dx$ $= \left[\frac{1}{3}x^3 - 3x^2 + 8x\right]_2^4 = -\frac{4}{3}$ Die Fläche hat einen Inhalt von $\frac{4}{3}$.	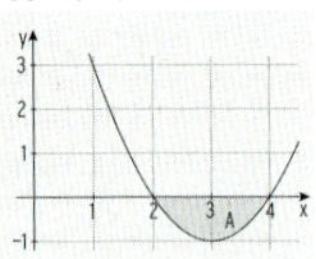
$f(x) = -x^2(x-4)$	Nullstellen von f: f(x) = 0 $x_1 = 0;\ x_2 = 4$ Flächeninhaltsberechnung: $\int_0^4 f(x)dx$ $= \int_0^4 (-x^3 + 4x^2)dx = \left[-\frac{1}{4}x^4 + \frac{4}{3}x^3\right]_0^4 = \frac{64}{3}$ Die Fläche hat einen Inhalt von $\frac{64}{3}$.	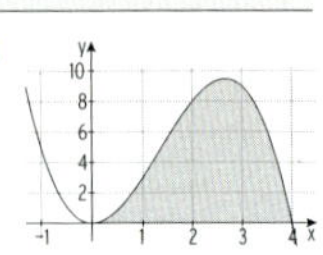
$f(x) = x^4 - 2x^2$	Nullstellen von f: f(x) = 0 $x_{1\|2} = 0;\ x_{3\|4} = \pm\sqrt{2}$ Flächeninhaltsberechnung (Symmetrie): $2\int_0^{\sqrt{2}} f(x)dx = 2\left[\frac{1}{5}x^5 - \frac{2}{3}x^3\right]_0^{\sqrt{2}} = -1,51$ Die Fläche hat einen Inhalt von 1,51.	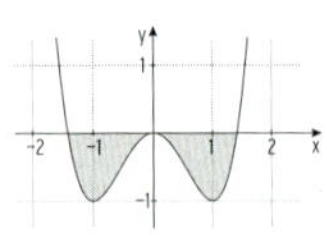

2. Das Schaubild von f begrenzt mit der x-Achse auf [a; b] eine Fläche. Berechnen Sie den Inhalt.

$f(x) = 3\sin(2x)$; $x \in [0; 2]$	f hat die Nullstellen 0 und $\frac{\pi}{2}$. Flächeninhaltsberechnung: $\int_0^{0,5\pi} f(x)dx = \left[-\frac{3}{2}\cos(2x)\right]_0^{0,5\pi} = \frac{3}{2} + \frac{3}{2} = 3$ $\int_{0,5\pi}^2 f(x)dx = F(2) - F(0,5\pi) = 0,98 - \frac{3}{2}$ $= -0,52$ A = 3,52	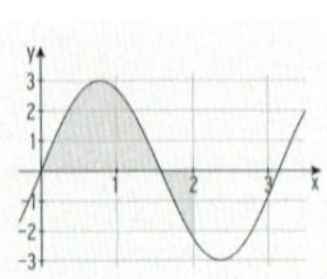
$f(x) = \cos(0,5x)$; $x \in [0; 4]$	Nullstellen von f: $f(x) = 0 \Leftrightarrow x_1 = \pi$ einzige Nullstelle auf $0 < x < 4$ Flächeninhaltsberechnung: $\int_0^{\pi} f(x)dx = \left[2\sin(0,5x)\right]_0^{\pi} = 2$ $\int_{\pi}^4 f(x)dx = \left[2\sin(0,5x)\right]_{\pi}^4 = -0,18$ Die Fläche hat einen Inhalt von 2,18.	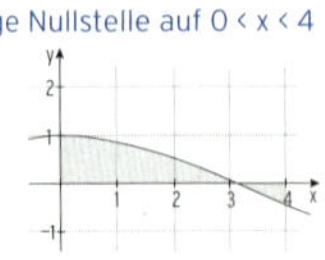
$f(x) = 4e^{-0,5x} - 1$; $x \in [0; 2]$	Nullstelle von f: $f(x) = 0 \Leftrightarrow x_1 = -2\ln(\frac{1}{4}) > 2$ Flächeninhaltsberechnung: $\int_0^2 f(x)dx = \left[-8e^{-0,5x} - x\right]_0^2$ $= -8e^{-1} - 2 + 8 = 3,0569...$ Die Fläche hat einen Inhalt von 3,1.	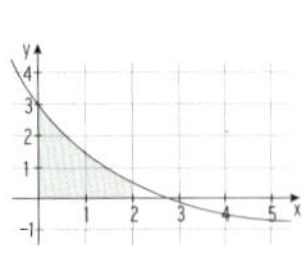

3. f hat die gegebenen Nullstellen. Berechnen Sie den Inhalt der markierten Fläche.

$f(x) = -x^3 - x^2 + 3x + 3$; $x_1 = -1,73;\ x_2 = -1;\ x_3 = 1,73$ 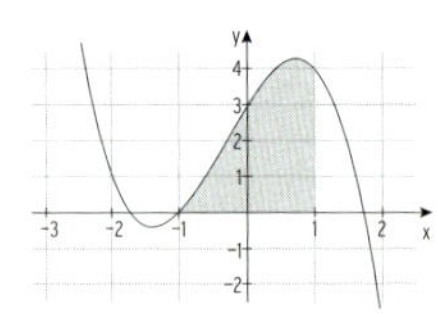	$\int_{-1}^1 f(x)dx = \left[-\frac{1}{4}x^4 - \frac{1}{3}x^3 + \frac{3}{2}x^2 + 3x\right]_{-1}^1$ $= \frac{16}{3}$ $A = \frac{16}{3}$
$f(x) = 1 + \cos(2x);\ x_{1\|2} = \pm\frac{\pi}{2}$ 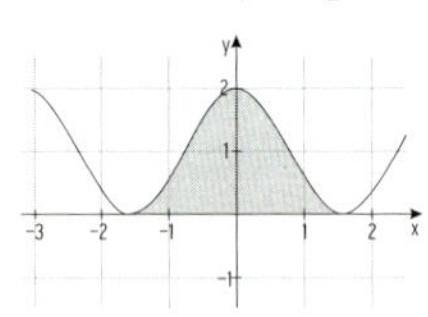	$\int_{-0,5\pi}^{0,5\pi} f(x)dx = \left[x + \frac{1}{2}\sin(2x)\right]_{-0,5\pi}^{0,5\pi}$ $= \pi$ $A = \pi$ Hinweis: $A = 2\int_0^{0,5\pi} f(x)dx$ (Symmetrie)
$f(x) = e^{0,5x} - 3;\ x_1 = 2\ln(3)$ 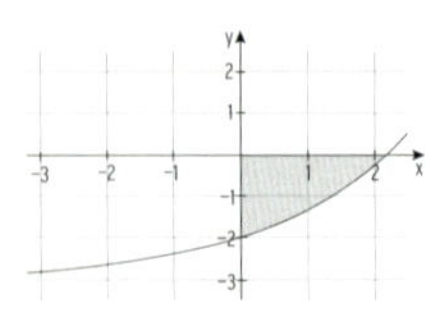	$\int_0^{2\ln(3)} f(x)dx = \left[2e^{0,5x} - 3x\right]_0^{2\ln(3)}$ $= -2,59$ A = 2,59
$f(x) = \frac{1}{4}x^2 - x;\ x_1 = 0;\ x_2 = 4$ 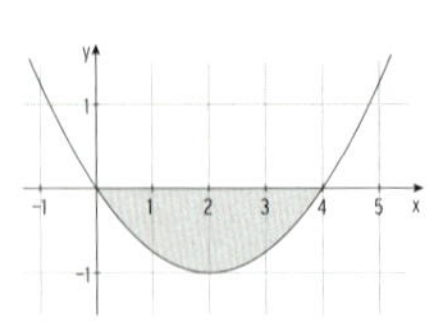	$\int_0^4 f(x)dx = \left[\frac{1}{12}x^3 - \frac{1}{2}x^2\right]_0^4$ $= -\frac{8}{3}$ $A = \frac{8}{3}$

4. Füllen Sie die Tabelle aus.

Graph von f	Das größere Flächenstück liegt .... der x-Achse	Integralwert	Inhalt der markierten Fläche
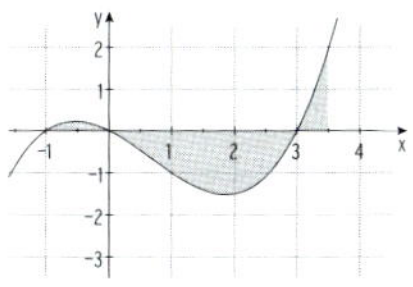	[x] unterhalb [ ] oberhalb	$\int_{-1}^{3,5} f(x)dx$ [ ] 0 [x] − 2,21	[x] 2,96 [ ] 2
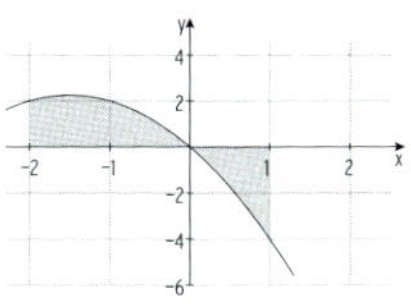	[ ] unterhalb [x] oberhalb	$\int_{-2}^{1} f(x)dx$ [ ] $\frac{3}{2}$ [x] 1	[ ] 3,5 [x] $\frac{31}{6}$
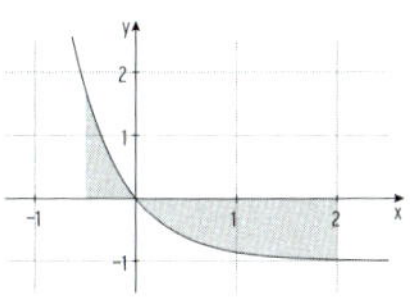	[x] unterhalb [ ] oberhalb	$\int_{-0,5}^{2} f(x)dx$ [ ] − 0,6 [x] − 1,15	[x] 1,87 [ ] 3,12
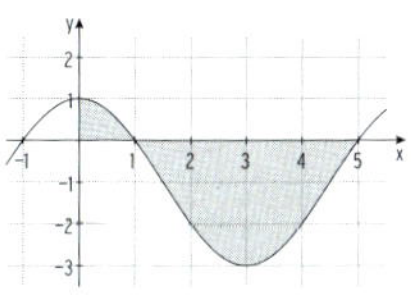	[x] unterhalb [ ] oberhalb	$\int_{0}^{5} f(x)dx$ [ ] − 4 [x] − 6,5	[ ] 9,75 [x] 7,96

5. Die Graphen von f und g begrenzen eine Fläche vollständig.
Berechnen Sie den Inhalt der Fläche.

$f(x) = \frac{1}{8}x^3 - x^2 + 2x$ $g(x) = 2x$	Schnittstellen: f(x) = g(x) Nullform: Ausklammern: Schnittstellen:	$\frac{1}{8}x^3 - x^2 + 2x = 2x$ $\frac{1}{8}x^3 - x^2 = 0$ $x^2(\frac{1}{8}x - 1) = 0$ $x_{1\|2} = 0;\ x_3 = 8$
	Integration über $f(x) - g(x) = \frac{1}{8}x^3 - x^2$: $\int_0^8 (\frac{1}{8}x^3 - x^2)\,dx = \left[\frac{1}{32}x^4 - \frac{1}{3}x^3\right]_0^8 = -\frac{128}{3}$; $A = \frac{128}{3}$	
$f(x) = 3\cos(2x)$; $x \in [0; \pi]$ $g(x) = 3$	Schnittstellen: f(x) = g(x) Schnittstellen:	$3\cos(2x) = 3$ $\cos(2x) = 1$ $x_1 = 0;\ x_2 = \pi$
	Integration über $f(x) - g(x) = 3\cos(2x) - 3$: $\int_0^{\pi}(f(x) - g(x))\,dx = \left[\frac{3}{2}\sin(2x) - 3x\right]_0^{\pi} = -3\pi$ $A = 3\pi$	
$f(x) = -x^2(x-4)$ $g(x) = 4x$	Schnittstellen: f(x) = g(x) Nullform: Ausklammern: Schnittstellen:	$-x^2(x-4) = 4x$ $-x^3 + 4x^2 - 4x = 0$ $-x(x^2 - 4x + 4) = 0$ $x_1 = 0;\ x_{2\|3} = 2$
	Integration über $f(x) - g(x) = -x^3 + 4x^2 - 4x$ $\int_0^2 (f(x) - g(x))\,dx = \left[-\frac{1}{4}x^4 + \frac{4}{3}x^3 - 2x^2\right]_0^2 = -\frac{4}{3}$; $A = \frac{4}{3}$	
$f(x) = e^x - 5$ $g(x) = -4e^{-x}$	Schnittstellen: f(x) = g(x) Nullform: Substitution $e^x = z$: oder Produktform: Schnittstellen:	$e^x - 5 = -4e^{-x} \mid \cdot e^x$ $e^{2x} - 5e^x + 4 = 0$ $z^2 - 5z + 4 = 0$ $(e^x - 4)(e^x - 1) = 0$ $x_1 = \ln(4);\ x_2 = 0$
	Integration über $f(x) - g(x) = e^x - 5 + 4e^{-x}$ $\int_0^{\ln(4)}(f(x) - g(x))\,dx = \left[e^x - 5x - 4e^{-x}\right]_0^{\ln(4)} = -0{,}93$ $A = 0{,}93$	
$f(x) = \frac{1}{2}(x-2)(x-4)$ $g(x) = (x-2)^2$	Schnittstellen: f(x) = g(x) Ausmultiplizieren: Nullform: Schnittstellen:	$\frac{1}{2}(x-2)(x-4) = (x-2)^2$ $\frac{1}{2}x^2 - 3x + 4 = x^2 - 4x + 4$ $\frac{1}{2}x^2 - x = 0$ $x_1 = 0;\ x_2 = 2$
	Integration über $f(x) - g(x) = -\frac{1}{2}x^2 + x$ $\int_0^2 (f(x) - g(x))\,dx = \left[-\frac{1}{6}x^3 + \frac{1}{2}x^2\right]_0^2 = \frac{2}{3}$; $A = \frac{2}{3}$	

6. Berechnen Sie den Inhalt der markierten Fläche.

$f(x) = x + 1$; $g(x) = x^2 - 1$ 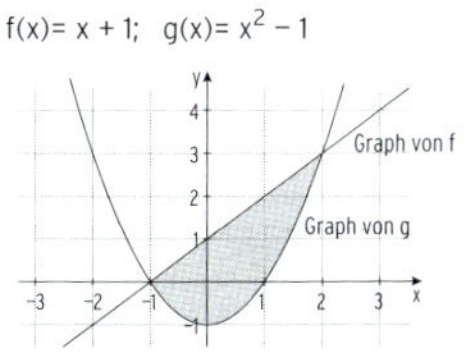	$f(x) - g(x) = x + 2 - x^2$ $\int_{-1}^{2}(f(x) - g(x))\,dx$ $= \left[\frac{1}{2}x^2 + 2x - \frac{1}{3}x^3\right]_{-1}^{2} = \frac{9}{2}$ $A = \frac{9}{2}$
$f(x) = 0{,}5e^{-x} + 1$; $g(x) = -x^2 + 2x + 1{,}5$ 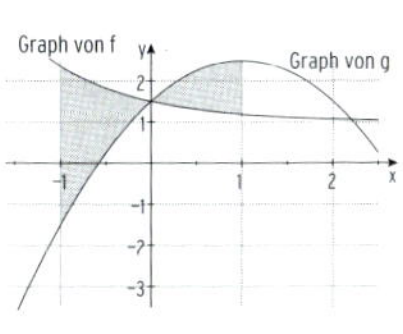	$f(x) - g(x) = 0{,}5e^{-x} + 1 - (-x^2 + 2x + 1{,}5)$ $= 0{,}5e^{-x} + x^2 - 2x - 0{,}5)$ $\int_{-1}^{0}(f(x) - g(x))\,dx$ $= \left[-0{,}5e^{-x} + \frac{1}{3}x^3 - x^2 - 0{,}5x\right]_{-1}^{0} = 1{,}69$ $\int_0^1 (f(x) - g(x))\,dx = -0{,}85$ $A = 1{,}69 + 0{,}85 = 2{,}54$
K: $f(x) = 0{,}25e^{-x} + 2$; G: $g(x) = -x^2 + 1$ 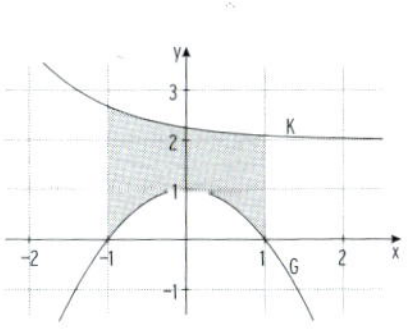	$f(x) - g(x) = 0{,}25e^{-x} + 2 - (-x^2 + 1)$ $= 0{,}25e^{-x} + x^2 + 1$ $\int_{-1}^{1}(f(x) - g(x))\,dx$ $= \left[-0{,}25e^{-x} + \frac{1}{3}x^3 + x\right]_{-1}^{1} = 3{,}25$ $A = 3{,}25$
K: $f(x) = \sin(\frac{\pi}{2}x)$; G: $g(x) = -\frac{1}{4}x(x-2)$ 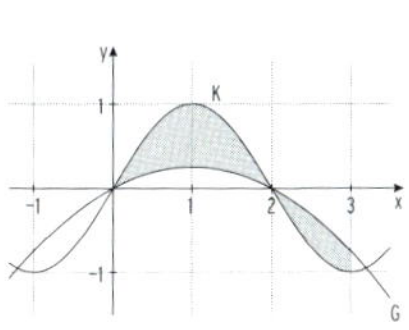	$f(x) - g(x) = \sin(\frac{\pi}{2}x) + \frac{1}{4}x(x-2)$ $= \sin(\frac{\pi}{2}x) + \frac{1}{4}x^2 - \frac{1}{2}x$ $\int_0^2 (f(x) - g(x))\,dx$ $= \left[-\frac{2}{\pi}\cos(\frac{\pi}{2}x) + \frac{1}{12}x^3 - \frac{1}{4}x^2\right]_0^2 = 0{,}94$ $\int_2^3 (f(x) - g(x))\,dx = -0{,}30$ $A = 0{,}94 + 0{,}30 = 1{,}24$

7. Die Abbildung zeigt das Schaubild einer Funktion h.
H ist eine Stammfunktion von h.
Begründen Sie für jede der folgenden Behauptungen, ob sie richtig oder falsch sind.

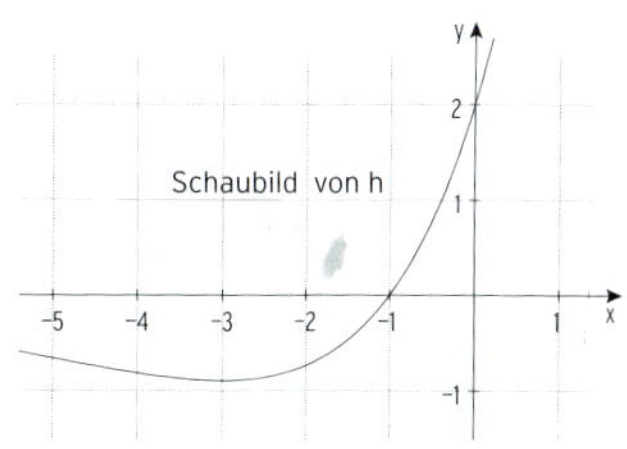

$H'(0) = 2$	[x] (r)	[ ] (f)	$H'(0) = h(0) = 2$
$h(-2) - h(0) < 0$	[x] (r)	[ ] (f)	$h(-2) - h(0) \approx -2{,}8$
Das Schaubild von H hat einen Tiefpunkt.	[x] (r)	[ ] (f)	h(x) wechselt bei x = − 1 das Vorzeichen − /+.
$\int_{-5}^{-1} h(x)dx < -5$	[ ] (r)	[x] (f)	Inhalt der Fläche zwischen Kurve und x-Achse auf [− 5; − 1] ist kleiner als 5.
$\int_{-1}^{0} h'(x)dx = 2$	[x] (r)	[ ] (f)	$h(0) - h(-1) = 2$
Das Schaubild von H hat einen Wendepunkt mit negativer x-Koordinate.	[x] (w)	[ ] (f)	Das Schaubild von h hat einen Extrempunkt mit negativer x-Koordinate.
$3\int_{-2}^{-1} h(x)dx > 0$	[ ] (r)	[x] (f)	Fläche zwischen Kurve und x-Achse auf [− 2; − 1] liegt unterhalb der x-Achse.

8. Die Abbildung zeigt die Graphen von f und g. Entscheiden Sie, welche der Aussagen wahr oder welche falsch sind?

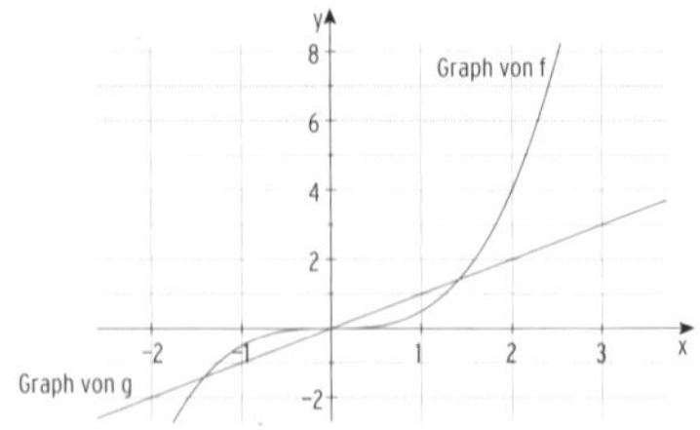

	(w)	(f)
f(x) − g(x) wechselt das Vorzeichen auf [0; 2]	☒	☐
$\int_0^1 (f(x) - g(x))dx > 0$	☐	☒
$\int_{-1}^1 (f(x) - g(x))dx = 0$	☒	☐
$\int_0^{2,5} (f(x) - g(x))dx > 0$	☒	☐
$\int_{-1}^0 (g(x) - f(x))dx > 0$	☐	☒
$\int_0^{\sqrt{2}} (f(x) - g(x))dx = -2$	☐	☒
f − g hat drei Nullstellen auf $-2 \leq x \leq 2$	☒	☐
Es gibt ein a > 0, so dass $\int_0^a (f(x) - g(x))dx = 0$	☒	☐

9. Ordnen Sie dem Inhalt der markierten Fläche ein Integral zu.

a)

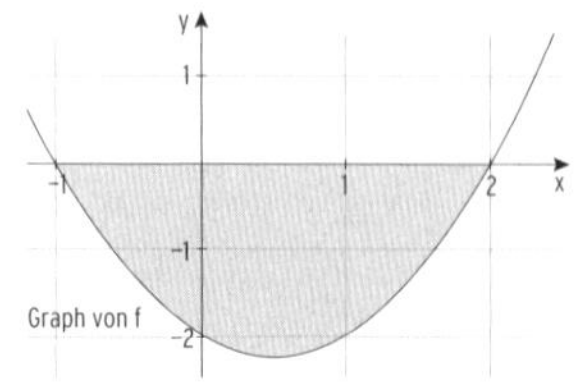

- ☐ $\int_{-1}^2 f(x)dx$
- ☒ $\int_2^{-1} f(x)dx$
- ☒ $-\int_{-1}^2 f(x)dx$

b)

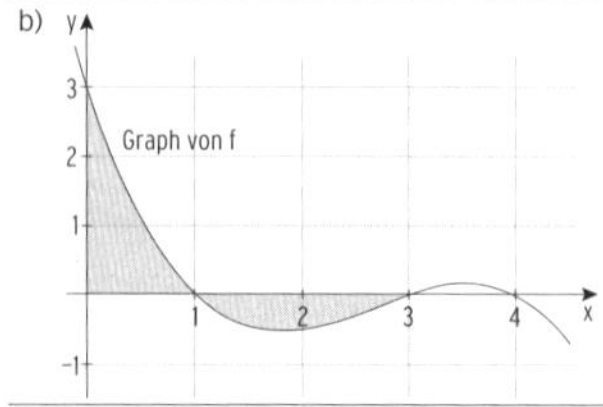

- ☐ $\int_0^3 f(x)dx$
- ☐ $\int_0^1 f(x)dx + \int_1^3 f(x)dx$
- ☒ $\int_0^1 f(x)dx - \int_1^3 f(x)dx$

c)

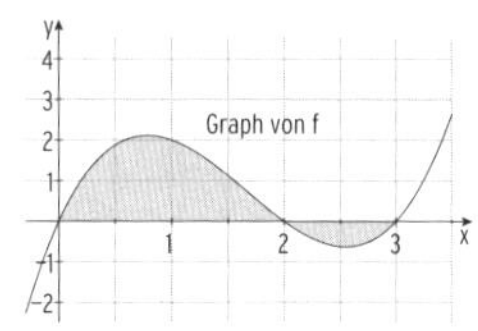

- ☐ $\int_0^3 f(x)dx$
- ☐ $\frac{1}{2}\left(\int_0^2 f(x)dx + \int_2^3 f(x)dx\right)$
- ☒ $\int_0^2 f(x)dx - \int_2^3 f(x)dx$

d)

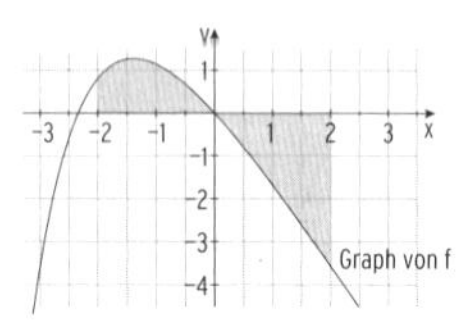

- ☐ $\int_0^2 f(x)dx$
- ☒ $\int_{-2}^0 f(x)dx - \int_0^2 f(x)dx$
- ☐ $-\int_{-2}^2 f(x)dx$